てってい的にカント その二

「純粋理性」の舞台裏

中島義道

ぷねうま舎

装画＝川名 京
装丁＝矢部竜二 Bow Wow

てってい的にカント その二◆目次

第一章 批判の力と形而上学 011

第二章　純粋理性の体系と第二版　061

第五章 形而上学の基礎づけ

第八章 形而上学のために 213

第一章　批判の力と形而上学

1　批判的理性使用の消極的効用と積極的効用

イマヌエル・カント『純粋理性批判』上（原佑訳、平凡社ライブラリー、二〇〇五年）五五頁の次の箇所からです。

だから形而上学は、根本学として、このように完璧なものとなる義務を負っており、だからこの学についてはこう言われえなければならない、すなわち、なお何か為されるべきことが残っているかぎり、まだ何ひとつとして為されおえたとはみなさないと。（五五頁）

「形而上学は、根本学として、このように完璧なものとなる義務を負っており」とは少しヘンな表現ですね。気がついた方も多いと思いますが、カントは理性や批判や形而上学を擬人化して語ることが多い。そのあとですが、「なお何か為されるべきことが」以下、「格言」をもってきているというのも、また——少々、食傷気味ですが——カントの好みです。

しかし、人は問うであろう、批判によって純化され、しかもこのことによって強固な地位へとも

> たらされた形而上学でもって、私たちが後代へと遺そうと考えているのは、いったいいかなる財宝であるのか？と。人は、この著作にざっと目をとおしただけでは、この著作の効用はやはり消極的でしかないことを、つまり、思弁的理性をもってしては私たちにはあえて経験の限界を越え出ることはけっしてできないことを認めると信ずるであろうが、このことは事実はまたそうした思弁的理性の第一の効用（Erfolg）である。
>
> （五五頁）

ここから、カントの言いたいことの核心に入ります。「消極的（negativ）・積極的（positiv）」という訳語のドイツ語は、それぞれ「否定的・肯定的」という意味でもあって、日本語の語感としてはずいぶん違うものが重なっているので、いつも「消極的＝否定的」「積極的＝肯定的」という等号を意識して解釈する必要があります。

さて、批判によって形而上学という「財宝」が遺されるのですが、それを期待して本書を読んだところで、みな、がっかりするのではなかろうか、ということ。というのも、当時、人々は神が存在する証明とか魂が不死である証明などを形而上学に期待したからです。その期待をもって本書を読んだところ、「思弁的理性をもってしては私たちにはあえて経験の限界を超え出ることはけっしてできない」こと、すなわちこうした問題に対する答えを期待できないことを知ってがっかりするだろう、ということです。

ここまで認めたうえで、突如カントは「このことは事実はまたそうした思弁的理性の第一の効用である」と断ずるのだから、当時の人々は、たぶんわけがわからなかったでしょうね。そこで、その「心」を期待して、次に進みます。

しかしこの効用は、思弁的理性がそれでもってあえておのれの限界を越え出ようとする諸原則が、実は私たちの理性使用の拡張ではなく、詳細に考察するなら、その縮小を不可避的にひきおこすということを悟るやいなや、積極的となるであろう。

（五五—五六頁）

この部分は、カントの文章に慣れていない人にはわかりにくいですね。行間にカント特有の思い込みが隠れていて、それを見通すのは容易ではないからです。まず、「諸原則」と言っているのはカテゴリーのことであって——カントはしばしばカテゴリーと原則を混同する——、例えば、因果律のカテゴリーが経験の限界を超えて使用されることは、認識の拡張をもたらさない。

ここまではいいと思うのですが、このことが、「その縮小を不可避的にひきおこすということを悟るやいなや、積極的となるであろう」という結論に繋がっていくということが、ことさらわかりにくい。ここには、いくつかの推論（？）が隠されていて、それらをすべて明るみに出せば、次のようになるのではないか、と思います。

経験を超えてカテゴリー（第一原因＝神まで）を適用できると思い込んでいた人には、批判によってそれが認識の拡張ではなく越権行為であることがわかったのだから、むしろ理性使用の「縮小」である。しかし、経験を超えるカテゴリーの適用は虚妄なのであるから、そう考えれば、因果律を経験の範囲の適用に留めることは、虚妄を打ち破って正しい因果律の適用の仕方を確立したという意味で、消極的（否定的）どころか、積極的（肯定的）なのである……という具合に一応読めます。

2　実践的理性使用

しかし、ここまで読み解けば、あとはすらすらいくかと思いきや、そうではない。カントは次にまったく「新しい」ことを言い出すのです。というわけで、どうも以上の「読み」は、まだカント本来の思考の高み――高級という意味ではなく――に達していないようです。

それが縮小であるのは、それらの諸原則は、それらが本来属している感性の限界を一切を越えて実際に拡張し、かくして純粋な（実践的）理性使用を駆逐しようとさえ脅かすからである。

（五六頁）

この箇所を読むと、たったいま私が見事に（?）解釈した内容に盛り込まれていない別の意味で、カントは「縮小」という言葉を使っているようですね。すなわち、思弁的理性は、経験の範囲を超えないことによって正しいカテゴリー（因果律）の適用範囲を確保したのですが、そこに留まらず、さらにはそこを超えても適用可能なはずの実践理性をも「駆逐」して、思弁的理性の限界を理性そのものの限界と思い込んでしまう、ということ。

では、この解釈が正しいかと言うと、このあたりにはいろいろ問題があります。これもすでに語ったのですが、この『純粋理性批判』第二版は、第一版と違って、この二年後の『実践理性批判』と共通の構図をもっている。それは、まさに理論（思弁的）理性と実践理性とをはっきり分けて、後者の領域を積極的に開拓していることです。大雑把に言えば、前批判期のカントの構図は、「可想界（叡智界）と可感界」という二世界論であって、その集大成が一七七〇年の『可感界と可想界の形式と原理』（山本道雄訳、カント全集三、岩波書店、二〇〇一年）という教授就任論文です。

しかし、その後一一年かけて彼は『純粋理性批判』を書いた。それは、この二世界論の否定であり、すなわち可想界を否定して、それを単なる「理念」として再生させるという道をとった。その典型が第三の二律背反であって、そこに登場する「自由」は単なる理念に格下げされることによって、自然必然性と両立可能になったのです。

ところが、『純粋理性批判』第一版が出版され、思わぬ誤解と無理解に苛まれて、カントは次第にこの基本構図を変えていき、『実践理性批判』に至ると、理論的実在性とは別の実践的実在性を、自然法則とは別の道徳法則を唱えはじめる。荒っぽく言ってしまえば、かつての「可想界（叡智界）」が実践理性のはたらく固有の自由（道徳）の場として復活し、新たな二世界論が出現したかのようなわけなのです。

いま読んでいるこの『純粋理性批判』第二版の「序文」においても、すでにそのはっきりとした予兆はあって、それがこの場所なのです。ですから、先に私が解説した内容は間違っているのではなく、この箇所はその旧い構図の上に、『実践理性批判』に至る新しい構図を強引に重ね合わせているという感じです。

だから、思弁的理性を制限する批判は、そのかぎりなるほど消極的ではあるが、しかし、このことによって同時に、実践的理性の使用を制限したり、無効にさえしようと脅かす障害を除去することによって、純粋理性の断じて必然的な実践的使用（道徳的使用）というものがあると確信するやいなや、事実、積極的な、きわめて重要な効用をもつものとなるのであって、その実践的使用においては純粋理性は不可避的に感性の限界を越えておのれを拡張するのであるが、そのためには純粋理性はなるほど思弁的理性にいかなる援助をも求める必要はないものの、それにもかかわらず、自己矛盾におちいらないためには、思弁的理性の反抗に対して安全にされていなければならないのである。（五六頁）

大筋は、「思弁的理性を制限する批判は、そのかぎりなるほど消極的ではあるが、しかし、このことによって同時に……純粋理性の断じて必然的な実践的使用（道徳的使用）というものがあると確信するやいなや、事実、積極的な、きわめて重要な効用をもつ」ということです。そして、この主張は、前に読んだ次の有名な箇所に直結します。

（前略）思弁的理性は、そうした拡張のための少なくとも場所だけは、たとえそれを空地のままにしておかざるをえなかったにせよ、つねに私たちに供給しておいたのであって、それゆえ、できることならその場所を理性の実践的与件によって充たすことは、（中略）理性によって要求されているのである。（五二―五三頁）

すると、先の「縮小と拡張」ないし「消極的と積極的」に関する第一版と第二版との差異は、こうなるでしょう。

第一版――本来の『純粋理性批判』の立場――では、理論（思弁的）理性は、自らの認識を経験のうちに限ることによって、一見、理性使用が縮小した感じがし、消極的効用しかないように見えるが、そうではなく、このことによって認識と理念との区別をつけ、神、不滅の魂、自由は理念として正しい場所を得たのだから、むしろ理性使用は拡張したのであり、積極的効用があると言える。

それに対して、第二版では、理論（思弁的）理性は自らの認識を経験のうちに限ることによって、実践理性のはたらく場（自由な道徳的世界）を準備し、よってその理性使用は縮小したのではなく拡大したのであり、その効用は消極的ではなく積極的だと言える。

こうして、第二版においては、実践理性は理論（思弁的）理性の侵害（干渉）に対して「安全」が確保されねばないという点が強調されることになります。ちなみに、第一版に従って、認識と理念との差異を設けても、第二版に従って、理論（思弁的）理性と実践理性との差異を設けても、理性が「自己矛盾に陥る」ことは避けられます。矛盾とは、認識という同レベルにある理性使用に限られますから。

さて、こうして新たな観点を出して、カントはこれを警察権力の比喩を用いて説明しています。

批判のこうした職務の積極的効用を否認するのは、なんといっても警察の主要な任務は、各人がおのれの業務に平穏無事にたずさわりうるために、市民相互が気をつけなければならない暴行を取り締まることにすぎないという理由で、警察にはなんら積極的な効用はないと言うのと、ちょうど同じことであろう。

（五六頁）

ここを対話のための課題にしましょう。どうでしょうか？　ちょっと易しすぎるかもしれないけれど、たまにはこういうのもあっていいでしょう。

対話1

出題したときには、易しいと思ったけれど、一歩踏み込むと意外に捻りのある文章かなと思いなおしました。というのも、カントの場合いつもそうですが、あることAを説明するのにBをもち出すのですが、AとBとのあいだには――カントの意図かもしれないけれど――割と見えにくい溝があって、それを跨いで両者を引き比べるのはけっこう難しいからです。

ここでも、近代国家における警察の任務を語っているのですが、それは「各人がおのれの業務に平穏無事にたずさわりうるために、市民相互が気をつけなければならない暴行を取り締まることにすぎない」とされる。そして、この任務に対して、「なんら積極的な効用はない」と主張することが、（冒頭に戻って）「批判の積極的効用を否認するのと同じだ」と言っているのです。

では、「批判の積極的効用」とは何であったかと想い起こすと、理論（思弁的）理性を、経験のうちに制限することによって、まさに実践理性の活動領域を開くということであって、一見消極的であるものがじつは積極的だということでした。

ですから、警察の任務を「暴行を取り締まること」に制限するという一見消極的効用が、まさに市民の自由な取引を中心とする日常世界の自由を保障する、という積極的効用をもっている、ということでしょう。念のために、警察の側から見直すと、よって、警察の任務を「暴行を取り締まること」に制限するのは、警察の積極的効用を否認することにはならない、とカントは言いたいのです。

3　物自体と現象における同一の物

このあとしばらくは、ことさら解説が難しい箇所です。極端に言えば、カントはすべて間違った「思い込み」の上に立って議論しているのであり、解説の気力さえなくなる。それでも、その思い込みにこれほど執着するにはそれなりの理由がある、ということは探れそうなのですが、どうもその思い込みを解消するだけの確固とした理由は見いだせそうもありません。

以上、もったいぶった言い方をしましたが、その内容はきわめてすなおに超越論的観念論の基本構造を語っているだけです。

> 空間と時間は感性的直観の形式にすぎず、それゆえ現象としての諸物の現存の条件にすぎないということ、さらにまた、私たちは、いかなる悟性概念をも、したがって諸物を認識するためのいかなる要素をさえ、こうした概念に対応する直観が与えられうる場合以外にはもたず、それゆえ私たちが認識をもちうるのは、物自体そのものとしてのいかなる対象についてでもなく、物が感性的直観の客観であるかぎりにおいてのみ、言いかえれば現象としての対象についてであるということは、この批判の分析的部門において証明されている。（五六―五七頁）

カント入門書から切り取ってきたようなオーソドックスな説明であり、これに何も付け加えることはありません。なお、このあたり、時折長い文章が登場しますので、繋がりが悪くなっても、その長い文書からその前後の短い文章を切り離すことにします。

そこでこのことから、理性のたんに可能的なすべての思弁的認識が経験のたんなる諸対象に制限される結果となるのは、言うまでもない。（五七頁）

ここも、解説の必要はないですね。現象における対象とは経験の対象に他ならず、物自体ではないということです。では、何がそれほどの問題なのか？　それは、コペルニクスの転回とカントのコペルニクス的転回とのあいだに開かれているギャップであり、それをうすうす自覚しながら（？）カントが強引に両者を重ね合わせていることです。それは、次の箇所あたりから明らかになってくる。

それにもかかわらず、十分注意されなければならないことであるが、私たちがまさにこの同一の諸対象を諸物自体そのものとしても、たとえ認識することはできないにせよ、それでも少なくとも思考することはできるにちがいないということは、やはりそのさいつねに保留されている。なぜなら、さもなければ、現象はそこで現象する或るものなしで存在するという不合理な命題が、そこから生ずるであろうからである。（五七頁）

この箇所全部が問題です。カントはここで、火星は地球から見れば（現象としては）逆行運動をするが、太陽を中心に見れば（それ自体としては）円運動をするように、現象における対象と「同一の対象」が物自体としても、「たとえ認識することはできないにせよ、それでも少なくとも思考することはできるにちがいない」と言っている。

そしてさらに、「さもなければ、現象はそこで現象する或るものなしで存在するという不合理な命題が、そこから生ずるであろう」と言っている。後者は、そもそも「現象」という言葉は「それ自体である物」の「現象」であることから、概念のレベルで導けるので、そのことを知っていたからこそ、カントは「現象」という言葉を選んだわけですから、これは現象と物自体との区別という問題に吸収される。

しかし、ここで問題なのは「同一の対象」という概念です。私の周囲のきわめて豊富な諸対象が、現象の対象であることは確かです。しかし、それぞれの「同一の対象」に呼応した物自体とは何でしょうか？　まさか、机という「同一の対象」に「現象としての机」と「物自体としての机」が、パソコンという「同一の対象」に「現象としてのパソコン」と「物自体としてのパソコン」が控えているわけではないでしょう？

4　「自由意志」の場合

この単純な疑問を保留したまま進みますと、カントはさらに、超越論的観念論にとって「現象における物」と「物自体における物」との区別が、いかに重要かを饒舌に語り続ける。

ところで私たちは、経験の諸対象としての諸物と、諸物自体そのものとしてのまさにこの同一の諸物という、私たちの批判によって必然的になされた区別が、全然なされなかったと想定してみよう。そうすれば、原因性の原則、したがってこの原則によって規定されている自然のメカニズムは、作用因としてのすべての諸物一般にあまねく妥当せざるをえないであろう。それゆえ、まさに同一の存在者、たとえば人間の霊魂について、私は、その意志は自由であるが、しかし同時にこの意志は自然必然性に従っている、言いかえれば自由ではないとは、明白な矛盾におちいることなしには、言いえなくなるであろう。

（五七―五八頁）

カントは、ここで背理法を用いていて、もし「同一の対象」が現象と物自体とに区別されていないとすると、「明白な矛盾に陥る」としている。ふたたび火星の例を挙げると、「原因性の原則、したがってこの原則によって規定されている自然のメカニズムは、作用因としてのすべての諸物一般に〔一義的に〕あまねく妥当せざるをえない」わけですから、同一の「原因性〔因果性〕の原則」によって「同一の火星」の逆行運動と円運動が「規定されている」のでなければならず、確かにこれは矛盾です。

しかし、じつはカントはこうした（天体も含む）物体の例を念頭に置いていないことがわかる。というのも、次に彼が挙げる「統一の対象」の例は、「人間の魂」だからです。それが、現象においては自然法則のもとにあって自由ではなく、しかし物自体においては自由であるわけです。

そして、カントは、コペルニクス的転回に関する文章が終わったとき（五四頁のはじめ）以来ずっと、この例を念頭に置いて書いているようなのです――あとでわかるように、正確にはこの例しか、コペルニクス的転回に妥当しないからですが。

次の文章は、先の引用箇所の終わりの「……明白な矛盾に陥ることなしには、言いえなくなるであろう」に続くもので、問題はないですね？

というのは、私はこれら両命題における霊魂を、まさに同一の意味に、つまり物一般として（事象そのものとして）解していたのであり、批判を先行させることがなければ、それ以外には解しようもなかったからである。（五八頁）

「批判を先行させることがなければ」、すなわち対象を現象と物自体とに区別しなければ、矛盾に陥るけれど、「それ以外には解しようもなかった」というわけです。

しかし、客観を二種類の意味に解することを、すなわち、現象としてか、あるいは物自体そのものとして解することを教えるこの批判が誤っていないときには、この批判がなした悟性概念の演繹が正しく、したがって原因性の原則も、第一の意味に解された諸物にのみ、つまり経験の対象であるかぎりにおいての諸物にのみかかわるが、第二の意味からみたまさにこの同一の諸物は原因性の原則に従っていないときには、まさに同一の意志も、現象（可視的な諸行為）においては、自然法則に必然的にかない、そのかぎり自由でないものとして、だが他方では、或る物自体に所属し、あの原因性の原則に従っていないものとして、したがって自由であるものとして、そのさい矛盾が生ずることなしに、考えられる。（五八頁）

「この批判がなした悟性概念の演繹」とは、悟性概念（カテゴリー）の超越論的演繹のことであり、「同一の意志」が「第一の意味に解された諸物にのみ、つまり経験の対象であるかぎりにおいての諸物にのみかかわる」という論証のこと。すなわち経験の「うち」では、因果律は意志を含んで必然的な自然因果性として作用し、経験＝現象における諸対象は「そのかぎり自由でないものとして」考えられるのです。

しかし、他方、「同一の意志」は「物自体に所属しあの原因性の原則に従っていないものとして、したがって自由であるものとして」考えられるのですから、両者の見解は「そのさい矛盾が生ずることなしに、考えられる」わけです。

「同一の対象」を「同一の意志」の場合に論じているわけで、前者はカントのタームでは「動物的決意（arbitrium brutuum）」（A802. B830）であり、現代の言葉では心理的意志ですが、後者は「自由な決意（arbitrium, liberum）」（A802. B830）です。

きれいに、それこそ完璧に説明が成り立っています。では、このどこに問題が隠れているのでしょうか？　それは、さきほど残しておいた「机」や「パソコン」の場合を考えてみればわかるでしょう。こうしたいわゆる物体の場合、以上の説明はまったく有効ではありません。

ここで、まさに『純粋理性批判』の根幹に触れる問題に入っていきます。コペルニクス的転回、現象と物自体との区別、ア・プリオリな認識の根拠づけ、それにいま述べた自由意志と自然因果性との関係、このあたりが、『純粋理性批判』執筆当時のカントを突き動かしていたメインテーマです。

カント研究者のあいだでは、一七六九年を「大いなる光の年」と呼ぶことがあります。この年のノートに、カントは「大いなる光を見た」と書いているからであり、この光とは普通「批判」という方法の発見と解されていますが、まさに以上の主要問題群を貫く一本の糸が閃光のように見えたのでしょう。実際、はじめカントは『純粋理性批判』を二律背反から書き出そうとしたとも言われていることが、この逸話を裏付けています。

すると、カントに好意的な解釈によると――世に流布しているカント研究書・解説書はみな、この類ですし、私はこれまでそんなものばかり読まされてきたのですが――、こうした諸問題に答える『純粋理性批判』は、ゴシックの教会のように、その素材（石）の一つ一つが、空を突き刺す尖塔を支える壮大な一体系をなしている、ということになります。

しかし、どう見てもそうではないのです。まず、二律背反を見てみると、第三の二律背反で自由と自然必然的の関係というテーマが扱われているので、その点は問題ないのですが、他の第一、第二、第四の二律背反はどうなっているのか、と探ってみると、どう考えても「一つの対象」が現象と物自体とに区別されてはいない。第一の二律背反は、世界量が無限か有限かという問題であり、第二の二律背反は、世界は無限分割されるか、無限分割はされず、有限回の分割で最小単位にぶつかるかという問題であり、第四の二律背反は、世界のうちに無条件者は存在するか否かという問題です。

いちいち細かく検討することはできませんが、ここでは、そもそも「（現象）世界全体」のあり方が問題なのであって、現象と物自体との区別が問題なのではない。じつは、第三の二律背反もまた、自由を物自体として認めているわけではなく、ただ理念として認めているだけですが、まあ点を甘くしておくと（?）、物自体と現象との関係を語っていると言えるかもしれない――第四の二律背反は、このさい割愛します。

こうして、「一つの対象」が現象と物自体とに区別されるという話は、二律背反においては、かろうじて第三の場合だけに妥当することがわかりました。

では、弁証論の他のテーマである、すなわち、われわれ人間が運命的に関心をもたざるをえない「永遠不滅の魂」と「神」とはどうでしょうか？　一読して明らかなように、カントはそこで、魂の不死の証明や神の存在証明が成り立たないと主張しているだけであって、「同一の魂」が現象では死すべきであるが、物自体においては不死であると言っているわけではないし、「同一の神」が現象では存在しないが、物自体においては存在すると言っているわけでもない。このことはいいですよね。

そして、もち越してきた、現象における物である「机」や「パソコン」が、現象と物自体という二重のあり方をしているわけではないことは明らかですから、驚くべきことに（！）、「一つの対象」の現象におけるあり方と物自体におけるあり方という構図が文字通り当てはまるのは、「自由意志」だけなのです。

このことは、素直に考えればすぐにわかることなのに、カント学者はこのことを表立って問題にしない。カントの不備については、学会発表でも論文でも、このような「あらさがし」的テーマは皆無です。それは、たしかに建設的なものではありませんが、それにしてもカントの壮大な思い込み、いや思い違いによって、物自体と現象との区別＝批判の成立＝コペルニクス的転回という関係が成り立っていることは、驚くべきではないでしょうか？

すなわち、カントはただ、ア・プリオリな認識の可能性を保証するものがほしかったのであり、自由と自然必然性という問題を解決したかった。そのために、――ロックのように――冷静に着実に考えていけばよかったものを、理性の壮大な体系を前提して、他のさまざまな、これとはあまり関係のない諸問題までもその体系の中に引きずり込んでしまった。その果てに、コペルニクスの天動説から地動説への転回までも呑み込んでしまったのです。

こうして、理性の体系性を過信し、その中にすべてを強引に引き込んでしまうというのも、また理性主義――の悪しき一面――なのです。

5　霊魂の自由

先には、コペルニクスの転回とカントのコペルニクス的転回とのあいだに開ける深い「溝」を指摘しましたが、カントはこの溝にもかかわらず、天動説から地動説へのコペルニクスの転回を下敷きにして、現象と物自体という「二重の視点」を得意げに（？）語り続けます。なお、ここからは、一文が長い場合は、あえて途中で切って解説することにしましょう。

> ところで私は、私の霊魂を、物自体という側面から考察するなら、いかなる思弁的理性によっても（ましてや経験的観察によっては）認識することはできず、したがってまた、私が感性界における諸結果をそれに帰する或る存在者の固有性としての自由をも認識することはできないが、
> （五八頁）

これは、続きであり、ここでカントが「私の霊魂」と言っているのは、霊魂の「不死」というテーマではなく、霊魂の「自由」というテーマです。それは「いかなる思弁的理性によっても（ましてや経験的観察によっては）認識することはでき」ないということ。

そのあとに書いてあることについてはいいでしょうか？　これは第三の二律背反の定立の側の論証であって、二世界論が復活してきて、自由は可想界において原因として成立するのですが、その結果は感性界における身体（物体）の行為なのです。それが、「感性界における諸結果をそれに帰する或る存在者の固有性としての自由」というフレーズの意味です。

それは、認識できるとすれば、私はそうした存在者を、その現存からみて、しかも時間のうちにはないその現存からみて、確定的に認識することにならざるをえないからである（このことは、私は私の概念の根底にいかなる直観をも置くことができないゆえ、不可能である）。（五八—五九頁）

しかし、私はこうした原因としての自由を「認識」できるわけではない。なぜなら、可想界とはもともと時間の「うち」にはなく、私は時間・空間という直観形式によって可能になる可能的経験の「うち」にあるものしか認識できないからである。しかし、「たとえ以上のごとくであるにせよ、それでも私は自由を思考することはできる」（五〇頁）という繋がりについてはいいでしょう。

ここで認識と思考との区別が大事なのですが、と言って、無矛盾なものがすべて「思考することができる」ものではありません。そうなら、エデンの園もイザナギ・イザナミによる天地創造もすべて「思考することができる」ことになってしまう。

ここに「思考できるもの」と言われているものは、超越論的観念論の専門用語では、「超越論的理念」に該当し、それらは理性的存在者の実践的関心によって限定されている。すなわち、カントによれば、この関心のもとに超越論的理念は、神・自由・魂の不死の三つに限定されるのです。

言いかえれば、二つの（感性的と知性的という）表象様式という私たちの批判的区別、および、このことにもとづく諸純粋悟性概念の制限、したがってまた、それらの諸純粋悟性概念から生ずる諸原則の制限とがおこるときには、自由についての表象は少なくともいかなる矛盾をもそれ自

身のうちに含んではいない。（五九頁）

ここも、カントを少し知っている人にとっては、かえって読みにくいのではないかと思われます。というのは、用語が少しずつ本来の使い方とずれているからであって、「感性的表象様式と知性的表象様式」の二元論は、他に出てこないものですが、前批判期の叡智界（物自体）と感性界（現象）との名残であり、こうした「批判的区別」、すなわちカテゴリー（純粋悟性概念）の適用範囲を経験に制限する限り、自由が、叡智界で認められ、かつ感性界で認められなくても、「少なくともいかなる矛盾をもそれ自身のうちに含んではいない」というわけです。

ところで、道徳は自由（最も厳格な意味においての）を私たちの意志の固有性として必然的に前提するものであって、それは、道徳が、自由を前提することなしには断じて不可能となるにちがいないところの、私たちの理性のうちにひそんでいる根源的な諸実践的原則を、理性のア・プリオリな与件として引証するからであるが、（五九頁）

道徳的判断が成立するためには自由意志が前提されなければならない、ということについてはいいでしょうか？　まず自由を確保し、次に確保された自由に基づいて道徳法則が成立するのではない。『実践理性批判』で、カントは両者の関係を探究していて、自由は道徳法則の存在根拠（ratio essendi）であり、道徳法則は自由の認識根拠（cognescendi）であると言っている。道徳法則の存在は自由の存在に依存するけれど、自由の認識は道徳法則の認識に依存するのであって、存在においては自由が道徳法則に先行し、逆に、認識においては道徳法則が自由に先行する、というわけです。

6　同一の物に対する思弁的理性と実践理性

しかし思弁的理性が、この自由は全然思考されないと証明したとするなら、あの前提、つまり道徳的前提は、その反対が一つの明白な矛盾を含んでいるような、そうした前提に必然的に譲歩せざるをえず、したがって、自由およびこれとともに人倫性は（その反対は、すでに自由が前提されていないときには、いかなる矛盾をも含まないから）、自然のメカニズムに席を譲らざるをえない。

（五九頁）

この箇所はわかりにくい。というのも、「そうした前提」が何を意味しているのかわかりにくいからであり、よって次のように補足すればいいのではないか、と思います。「……あの前提、つまり道徳的前提は、その反対〔すなわち自由〕が一つの明白な矛盾を含んでいるような、〔自然必然的〕前提に必然的に譲歩せざるをえず、したがって、自由およびこれとともに人倫性は……、自然のメカニズムに席を譲らざるをえない」。

とくにわかりにくいのは「その反対が一つの明白な矛盾を含んでいるような、そうした前提」という文章でしょう。これは、自然必然性の反対は自由なのだから、自然必然性がこの反対（自由）を含んでしまうと、明白な矛盾に陥る、よって、この矛盾を避けねばならない、という内容を含意する。とすれば、道徳的前提は、「自然のメカニズムに席を譲らざるをえない」というふうに論旨は繋がっていく。

つまり、この箇所の最初の「思弁的理性が、この自由は全然思考されないと証明した」というのは、思弁的理性（反定立）の観点から自由を否定した、ということであり、このあとで、実践理性（定立）の観点からはそうは言えない、というふうに議論が展開していくのです。


そうであるとしても、私が道徳のために必要とするのは、自由が自己矛盾だけはせず、それゆえやはり少なくとも思考されはするが、それ以上自由を洞察する必要はないということ、それゆえ自由はまさに同一の行為（別の連関において解せられた）の自然のメカニズムをなんら妨げはしないということ、このこと以上の何ものでもないのであるから、人倫論はその地位を確保し、また自然論もその地位を確保して譲ることがない。（五九―六〇頁）

この箇所は、コペルニクス的転回にもかかわらず、自然法則を対象にする思弁的理性（一重の視点＝天道説）と自由を対象にする実践理性（二重の視点＝地道説）とが、『実践理性批判』におけるような、きっちりした二元論になっていないことに気づかねばならない、と言われている。

つまり自由は、まだ「自己矛盾だけはせず、それゆえやはり少なくとも思考されはする」「理念」という慎ましい地位に留まっている。言いかえれば、「自由はまさに同一の行為（別の連関において解せられた）の自然のメカニズムをなんら妨げはしない」という消極的な地位に甘んじているのです。

しかしこのことは、批判がまえもって私たちに、諸物自体そのものに関する私たちの不可避的無知について教えておかず、私たちが理論的に認識することのできるすべてのものを、たんなる現象へと制限しておかなかったなら、おこらなかったであろう。（六〇頁）

「このこと」とは、自由が、「まさに同一の行為……の自然のメカニズムをなんら妨げはしない」ということであり、言いかえれば、自由は「理論的に認識することのできるすべてのものを、たんなる現象へと制限し」、それとは独立の物自体を確保するという「批判的区別」によって、はじめて保証されるのです。

そして次に、あと二つの超越論的理念である「神」と「不死」に関して、カントは説明を省いているのですが、これこそ大問題だと言っていいでしょう。

純粋理性の批判的な諸原則が積極的効用をもつというまさにこのような論究が、神の概念と私たちの霊魂の単純な本性の概念とに関しても示されるのであるが、その論究を私は簡潔にするために省略する。それゆえ私は、神、自由、不死を、私が思弁的理性から過度の洞察をなしうると称するその越権を同時に奪い去ることがないかぎり、私の理性の必然的な実践的使用のために想定することすらできない。（六〇頁）

まず、後半の「私が思弁的理性から……想定することすらできない」という箇所をもっとわかりやすく言いかえると、「私が思弁的理性から経験を超える認識という越権を奪い去れば、理性の実践的使用をも想定することができる」となりましょう。

カントは、「一つのもの」を現象と物自体という「二重の視点」から見ることによって、自由と自然必然性という一見矛盾を生み出すものを、それぞれの領域に振り分けることによって解決した。そして、これがコペルニクスの天動説という一重の視点から、地動説という二重の視点への移行に対応するというわけです。

この側面に限ると、すべては見事なほど整合的な説明になっているように見える。しかし、前にも触れましたが、果たして、神と不死の場合に同じような論証ができるのかと問うと、私たちは高い壁の前に立ちつくしていることに、すなわち同じような整合的論証など期待できないことに気づくのです。

このうち、「不死」に関しては、少しはカントに同情（？）できるかもしれない。というのも、カントは「実体としての永遠不滅の魂」とは別に、各身体に生きている限り宿る、「内官の対象としての経験的魂」も認めているからです。しかし、カントは前者を物自体において認め、後者を現象において認めているわけではない。前者は理念でさえなく、ただの誤謬推理の結果、生み出された仮象なのですから。

まして、「神」の場合、コペルニクス的転回によって獲得された二重の視点とはまったく関係がないように思われます。果たして、「神」という「一つのもの」が、物自体と現象という二重の視点でとらえられるのでしょうか？　カントは（三通りの）神の存在証明が成立しない、と記しているだけですから、コペルニクス的転回とは縁もゆかりもないとさえ言えるでしょう。

このあたり、じつに不思議ですね。こんなこと、すぐにわかるはずなのに、カントはなぜ見抜けなかったのか？　また、当時の人もその後も人も、なぜ追及しなかったのか？　これは、永遠の謎です。

7　信仰に席を与えるために知識を廃棄する

この謎はずっととっておいて、次にいきましょう。

> というのは、思弁的理性がこうした過度の洞察へと達するために利用せざるをえない諸原則は、事実上は可能的経験の諸対象に達するにすぎないことによって、それにもかかわらず経験の対象とはなりえないものに適用されるときには、実際にこのものをいつでも現象に変え、かくして純粋理性のすべての実践的拡張を不可能であると宣言するような、そのような諸原則であるからである。（六〇頁）

さて、この箇所を課題にしようと思います。ちょっとこれまでとは色合いが変わっていますが、その変化を含めて正確に解釈してみてください。そして、このあと、超有名な文章に至ります。

> それゆえ私は、信仰に席を与えるために、知識を廃棄しなければならなかった。（六〇頁）

この文章の読み方も濃淡の付け方によりさまざまですが、カントが何かを言うとき、同時代の多くの人の反論に答えるという姿勢が顕著であり、とくにこの第二版では、第一版のときの誤解や反感を踏まえての発言なので、その姿勢はさらに闘争的になっています。

当時は、本書で神や不死の魂は「認識できない」とみなしたことに対する反論が渦巻いていたわけですが、これはこのことに対するカントの弁明です。すなわち、カントはここで、われわれが神や不死に関する「知識〔認識〕を廃棄しなければならなかった」のは、信仰を否定することではなく、まったく逆に、自分はそれらに信仰という本来の場所をとっておいたのだ、という仕方で弁明を試みている。

そして、形而上学の独断論、言いかえれば、形而上学において純粋理性の批判なしでやってゆこうとする偏見は、道徳性に反抗するすべての無信仰の真の源泉であって、この無信仰はいつでもきわめて独断的なのである。——それゆえ、純粋理性の批判に応じて著作された体系的形而上学をもって、後代の人々に一つの遺産を残すことが必ずしも困難ではありえないとすれば、この遺産は軽視すべからざる贈り物である。（六〇—六一頁）

ここも、カントの視点をしっかりつかめば、解読できるでしょう。「形而上学の独断論、言いかえれば、形而上学において純粋理性の批判なしでやってゆこうとする偏見」とは、「批判」なしに神の現存在を証明してしまう立場、あるいは何らかの仕方で神を認識できるとする立場です。

そして、カントはここで敵のど真ん中に爆弾を投じる。むしろ、そうした独断論こそが、「道徳性に反抗するすべての無信仰の真の源泉」であるとまで言ってしまうのです。この背景には、カントにとって信仰の対象は道徳神学でしかなく、そのためには何らかの形で自由を保証しなければならない、ということがあるでしょう。

よって、すべての信仰は、自然必然性に矛盾しない自由を「批判」によって確保しなければならないはずなのに、独断論はそれを実行していない、というかたちの攻撃になっているのです。

この場合、注目すべきですが、翌年（一八八八年）刊行の『実践理性批判』に至りますと、道徳法則が導入されて、われわれはそれを特有の仕方で認識できるとするというように変わってくるのですが、この段階ではまだ自由は理念にすぎない、ということです。

そして、これに加えて、カントの目標は「純粋理性の批判に応じて著作された体系的形而上学をもって、後代の人々に一つの遺産を残すこと」なのですが、独断論ではそれもできなくなるゆえに、人類にとって多大な損失である、とカントは言いたいのでしょう。

対話2

というのは、思弁的理性がこうした過度の洞察へと達するために利用せざるをえない諸原則は、事実上は可能的経験の諸対象に達するにすぎないことによって、それにもかかわらず経験の対象とはなりえないものに適用されるときには、実際にこのものをいつでも現象に変え、かくして純粋理性のすべての実践的拡張を不可能であると宣言するような、そのような諸原則であるからである。

（六〇頁）


まず、思弁的理性の「過度の洞察」とは何かと考えてみると、経験を超えて、「経験の対象とはなりえないもの」、すなわち神や魂に諸原則（カテゴリー）を適用することであることはすぐに読み取れる。

　思弁的理性にこうした越権行為が許されないことは、もう十分わかっているのですから、そのことをこの箇所では、どういう点から語っているかに注目しなければならない。この文章の主語は、「諸原則（カテゴリー）」であって、「そのような諸原則である」と結んでいる。すなわち、骨子は、思弁的理性の過度の洞察による諸原則の振舞いは、「実践的拡張を不可能にする」振舞いだということです。

　しかし、ここでは、この裏にもう一つの「響き」を感じ取ることが必要でしょう。それは、実践的拡張自体をカントは否定していないのですから、これで止まっては困るという響きです。すなわち、実践的拡張を可能にするような理性の振舞いがあるはずで、それが実践理性なのです。

　この直後に「それゆえ、私は信仰に席を与えるために、知識を廃棄しなければならなかった」（六〇頁）という文章が続くことからもわかるように、ここで、重要なのは、理性は思弁的理性（理論理性）と実践理性とに区分されていますが、あくまでも「一つの」理性であるということ。よって、思弁的理性の不可能は、とりもなおさず、実践理性の可能を示しているのです。一般に哲学書において単なる否定はほとんどなくて、否定を通じて肯定したいものが透けて見える。それを、私は先に「響き」と言ったのですが、それを聴き取る訓練が大事かと思います。

8 純粋理性の批判の効用

ここからあとは、「方法論」に配分したほうがいいとも思わるような文章が続きます。批判精神のない世相をカントは憂いているのですが、さらっとわかるところですから、長めに区切って、どんどん進んでいくことにしましょう。

ところで、学一般の確実な歩みによる理性の開化（Kultur）にだけでも、批判なしの理性が理由もなく模索し、無思慮に彷徨するのとくらべて、注目するがよい。あるいはまた、知識欲のさかんな青年が時間をもっと有益に利用するのに注目するがよい。そうした青年は、通例の独断論によって早くから多くの刺激をうけ、自分には何ひとつとして理解できず、世間のすべての人と同様、自分にもそこでは何ごとかがけっして洞察されることもない事柄に関して、気軽に小理屈をこねたり、新しい思想や見解の発明をめざしさえしたりし、かくして根本的な諸学の習得をなおざりにしているのである。（六一頁）

「開化」とは漠然としていますが、理性は批判によって開化する（耕される）ということ。「知識欲のさかんな青年が時間をもっと有益に利用するのに注目するがよい」という部分はほとんど誤訳であり、これでは何のことかわからない。そのあとに、それはいかなる青年かが書いてあるのですが、それは批判精神のない軽薄な青年なのですから。

ドイツ語は“man mag auf Zeitanwendun……sehen……”であって、そう直訳できるのですが、これでは意味不明であり、「……青年が時間をもっと有効に使用すべきことに注目するがよい」とならなければならないはずです。高峰一愚訳は「一層よく時間を利用せしめるという点にも注目して見よ」（『純粋理性批判』河出書房新社、一九八九年、三六頁）となっていて、正しく内容をとらえています。

しかし、あの遺産が軽視すべからざる贈り物であることは、人倫性と宗教に対するあらゆる異論を、ソクラテス的な仕方で、つまり相手の無知を最も明瞭に証明することによって、未来永劫終わらせるという測りしれない利益を考慮に入れるなら、最もよくわかるであろう。（六一頁）

「あの遺産」とは、ここで解説する文章の直前に、「純粋理性の批判に応じて著作された体系的形而上学をもって、後代の人々に一つの遺産を残す」（六一頁）とあることを受けている。それにしても、この遺産が「ソクラテス的な仕方で、つまり相手の無知を最も明瞭に証明することによって、未来永劫終わらせる」とは、驚くべき自信ですね。

なぜなら、なんらかの形而上学はつねにこの世にあったのであり、だから多分これからも形而上学は、しかも形而上学とともに純粋理性の弁証論もまた、それは純粋理性には自然のことであるゆえ、そこで見いだされるにちがいないであろうからである。そえゆえ、哲学の第一の最も重要な要件は、誤謬の源泉をふさぐことによって、哲学からすべての不利な影響を一挙に取りのぞくことにほかならない。（六一頁）

大体の意味は明瞭だと思いますが、念のために「形而上学とともに純粋理性の弁証論もまた、それは純粋理性には自然のことであるゆえ」という箇所を解説しますと、「純粋理性の弁証論」とは「超越論的仮象論」と言いかえてもよく、神・自由・魂を理論理性によってとらえようとして仮象に陥ることを示す部分です。

カントによれば、仮象に陥ることは「純粋理性には自然のこと〔たやすく陥ってしまうこと〕である ゆえ」、「誤謬〔仮象〕の源泉をふさぐ」純粋理性の批判は未来永劫ずっと役に立つのです。

9 論理的可能性と実在的可能性

次は、六二頁の注の箇所です。

★——対象を認識するためには、私がその対象の可能性を（経験の証言にしたがってその対象の現実性にもとづいてであろうと、あるいはア・プリオリに理性によってであろうと）証明しうるということが、必要である。しかし私は、私が自己矛盾さえしなければ、言かえれば、たとえ私が、あらゆる可能性を総括したもののうちで私の概念にも一つの客観が対応するかどうかを請けあうことができないにせよ、その私の概念が可能的な思想でさえあれば、私の欲するいかなるものでも思考することはできる。（六二頁）

この部分は、次の部分を導くための論述であって、とくにカントにとって重要なことではない。論理的可能性とは、ある概念〔例えば、「竜宮城」〕に「一つの〔実在的〕客観が対応することを請けあうことができないにせよ」、矛盾しなければ思考可能だという可能性概念であり、誰でも承認することです。

これを踏まえて、カントの真に言いたいのは、次のこと。

しかし、そうした概念に客観的妥当性を（前述の可能性はたんに論理的可能性にすぎなかったのだから、実在的可能性を）あたえるためには、何かそれ以上のものが必要である。しかしこのそれ以上のものは理論的な認識源泉のうちで求められる必要は必ずしもなく、それは実践的な認識源泉のうちにもひそんでいることがありうるのである。（六二頁）

論理的可能性ではなく、「実在的可能性をあたえるためには、何かそれ以上のものが必要である」とし、その「何かそれ以上のもの」は「実践的な認識源泉のうちにもひそんでいることがありうる」とする。漠然とした言い方ながらも、ここでカントはすでに『実践理性批判』を先取りして、「理論的認識（実在性）」に加えて「実践的認識（実在性）」も認めていることがわかります。

細かいカント研究内の問題なのですが、『純粋理性批判』の第二版において「自由」は宙ぶらりんの位置にあって、この「序文」では、「自由」はすでに理論的認識（実在性）と並ぶ実践的認識（実在性）を有するものとみなされていながらも、当の「第三の二律背反」を――時間切れのため？――書き直してないので、そこでは「自由」は依然として単なる理念のままに留まっているというわけです。

10　独断論者に対する（世俗的？）反論

以上で注を終え、また地の文に戻ります。

諸学の分野におけるこのような重要な変革と、思弁的理性がこれまでもっていると思いこんでいた所有物でこうむらざるをえない損失とにもかかわらず、人間の普遍的な要件、および世間がこれまで純粋理性の諸教説から引き出した効用とに関しては、すべて以前と同様の有利な状態のままであって、その損失は諸学派の独占にのみかかわることにすぎず、人間の利害にかかわることではない。（六二頁）

この部分を課題にしましょう。それほど難しくないのですが、とくに「損失」とは何か、また最後の二行でカントが何を言いたいのかを正確に示してください。

対話3

「超越論的方法論」のある箇所で、カントは、神や不滅の魂が「ある」と論証する本は読みたくもないが、むしろこれらが「ない」と論証する奇抜な書が出たらぜひ読んでみたい、と皮肉に語っている。なぜなら、自分には、その論証の不可能さを「批判」によって完全に証明したという自信があるからです。

> こうして、じつは「諸学の分野におけるこのような重要な変革」、すなわち「批判」は、神や不滅の魂は、思弁的（理論）理性によっては認識されないけれど、理念として生き延びるという道を示している。よって、「批判」は、無神論、唯物論、懐疑論というふとどきな思想を撃退することに加担しているのだ、というわけです。
> それにもかかわらず、このことを「損失」と考えるのは、これらが認識できると思い込んでいる「諸学派（独断論者）」のみであって、「人間」すなわち健全な感性的・理性的存在者は、これらが「理念としてある」ことを理解しうるはずだから、そこにはいかなる「損失」も生じていない、ということ。

課題についてはここまでにします。あとは、補足ですが、こうしたカントの一貫した考えが、いかに当時の哲学界において反撥を買うものであったか、を再確認する必要があります。その後、批判主義は、カントの期待通り、ドイツの哲学界にしっかり根を下ろしたわけではなく、たちまちフィヒテ、シェリング、ヘーゲルといった（いわゆる）ドイツ観念論の大立者たちによって激しく再批判され、人間理性の名において、神や不滅の魂を取り戻す動きが――一九世紀後半の新カント学派の登場まで――、約一〇〇年間続いたのです。

そこで、次に進みますが、カントを長く読んでいると、以下の部分は、カントらしからぬ単純すぎる粗雑な論法のような感じがします。

私は最も頑強な独断論者たちにこう問う、私たちの霊魂が死後も存続することを実体の単純性にもとづいて証明すること、また意志の自由を、一般的なメカニズムにさからって、主観的必然性と客観的実践的必然性という、精緻ではあるが無力な区別によって証明すること、神の現存在を最も実在的な存在者という概念（変化するものの偶然性と第一動者の必然性という概念）にもとづいて証明すること、これらの諸証明が諸学派によってなされたのちに、はたしてそれらの諸証明はかつて公衆にまで達して、公衆の確信にいささかでも影響をおよぼしえたことがあったのであろうか？　ところで、そうしたことはおこっておらず、だからまたそれは、普通の人間悟性はそのように精緻な思弁には無能であるゆえ、これからもけっして期待されえないことである。

（六二一─六二三頁）

少し引用が長くなりましたが、途中どうしても切れないので。

カントがここで言っていることは、『純粋理性批判』の「超越論的弁証論」で彼が批判している魂に関する誤謬推理、自由に関する独断的な肯定、神の存在証明は、「普通の人間悟性」、言いかえれば「公衆」には全然訴えないということです。

しかし、これらの理論が公衆の賛同を得ないという理由で、カントがこれらを批判しているとすれば、単純におかしいのではないかと思われます。これは、彼が、「通俗性」に拘ったことと関連するように思われますが、釈然としないところです。

なお、自由に関して、「一般的なメカニズムにさからって、主観的必然性と客観的実践的必然性という、精緻ではあるが無力な区別によって証明すること」とは何でしょうか？　このあたりの不明瞭さも、先に言ったように、「序文」と「第三の二律背反」とのあいだにギャップがあることと関係しているようです。

すなわち、「主観的必然性」とは、たぶん経験的意志の必然性（自然必然性の一種）であって、これと、「或る状態をみずから始める能力〔超越論的自由〕」（A533, B561）が有する「客観的実践的必然性」とは異なるというわけです――なお個々における「実践的」とは、後の「実践的自由」との連関で「行為の」というほどの意味に解します。

この主張は、「第三の二律背反」の定立の立場ですから、カントが一方的に批判しているものではないのですが、独断的にこれを提起する限り、批判の対象になると（どうにか）考えられるでしょう。では、こうした理論の代わりにいかなる観点をとればいいのか、それが次に書いてありますが、じつはここも釈然としない。そこで、カントは全部一緒くたに書いていますが、煩瑣なので、三つに分けて検討してみます。

> むしろ、霊魂の不死という第一の点に関して言えば、時間的なもの（これは全使命を達成する素質には不十分である）によってはけっして満足させられえないという、人間の本性のあらゆる人々に明白な素質が、来世の生への希望を〔ひきおこしたにちがいないのである〕」。（六三頁）

これは、『実践理性批判』における「魂の不死の要請」に該当します――われわれは道徳的完全性に至るように理性によって命じられているが、それは、限られた時間では不可能である。しかし、これは理性による絶対的命令なのだから、われわれがこれを実現しうるためには、霊魂が無限であることが要請されねばならない。ここで明らかにカントは、二年後の『実践理性批判』（一七八八年）の考えを先取りしています。

> 意志の自由という第二の点に関して言えば、諸傾向性のすべての要求と対立せしめて義務をあらわに明瞭に提示することが、自由の意識を〔ひきおこしたにちがいないのである〕。（六三頁）

先に、独断論においては、自由は「超越論的自由」という観点からとらえられていたのに対して、ここでは「実践的自由」という観点からとらえられている。ここも、明らかに『実践理性批判』の先取りです。

そして、神に関しては、なぜか、存在論的証明が批判されているのに対して、やはり本来は批判されるべき物理神学的証明が肯定的に取り上げられている。これを四年後の『判断力批判』（一七九〇年）の先取りと見るかどうかの判断はなかなか決め手がありませんので、ペンディングにしておきましょう。

> 最後に、神の現存在という第三の点に関して言えば、自然のあらゆるところで見られるすばらしい秩序、美、配慮のみが、或る賢明な偉大な世界創造者への信仰を、つまり、理性の根拠にもとづいているかぎりにおいて公衆にゆきわたっている確信を、まったくそれだけでひきおこしたにちがいないのである。（六三頁）

すなわち、このあたりの第二版の「序文」の構成は、ごたごたしていて整合性がなく、繰り返しますと、一方ではすでに『実践理性批判』を先取りするような論述もあり、他方、神の場合のように、『純粋理性批判』の「理想」の論述そのものとは矛盾するけれど、さらに『判断力批判』を先取りするかのような論述もあるというわけです。

しかし、総じて第二版で、カントが自由や道徳を単なる理念ではなく、理論的実在性と並ぶ——いやそれ以上の——実践的実在性とみなし、ある意味で「叡智界」と「可感界」という前批判期の二世界論に戻った観があることは否めないでしょう。

11　独断論者の尊大な要求

ここから後は、あまり突っ込んだ内容はなくて、批判の効用を繰り返すだけですので、さっと読み進めようと思います。

そうだとすれば、こうした所有物をもつことは、たしかに妨げられないままであるのみならず、むしろさらに名声を高めるが、それは、いまや諸学派が、人間の普遍的な要件にもかかわる一点において、多くの（私たちにとっては最も尊敬に値する）人々もまた同じく容易に達することのできるそのような洞察以上に、いっそう高次で広汎ないかなる洞察をもなしうると僭称してはならず、それゆえ、一般に理解しやすく、道徳的意図において十分なこれらの諸証明根拠の開化にのみつとめるよう自制することを教えられるからである。（六三—六四頁）

それにしても、もっと明確に書けないものかと、もどかしく思いますが、次のような意味でしょう。「こうした所有物」とは、神・魂・自由であって、諸学派が、これらを「理念としての限りで」承認すれば、「さらに名声を高める」だろうということ。

すなわち、これらを理念として認めることは、最も賢明な人々さえも認識できないことを認めることであって、これによって、諸学派は、同時に「道徳的意図において十分なこれらの諸証明根拠の開化にのみつとめるように自制することを教えられる」のです。こうして、この第二版においては、神・魂・自由を思弁的理性にとって理念として認めることは、同時に実践理性において道徳法則を介しての道徳神学への道を開く、という——第一版では見られなかった——構図がはっきりしてきます。

それゆえあの変革は諸学派の尊大な要求にのみ関することであって、それらの諸学派は、この点において（そのほか多くの他の点においても当然そうであるのだが）おのれがそうした諸真理の唯一の精通者であり保管者であると好んでみなされたがり、公衆にはそれらの諸真理の使用だけを知らせ、だが、それらの諸真理の鍵は独占するのである（私と同様彼も知らないことを、彼だけが知っていると見なされようとしたが）。（六四頁）

この箇所の最初の部分、「あの変革は諸学派の尊大な要求にのみ関することであって」とは、「あの変革」が「批判」ですから、「批判は〔独断的〕諸学派の尊大な要求を制限することにのみ関することであって」という意味でしょう。そして、そのあとでカントはふたたび「尊大な要求」を描写している。このしつこさは、独断論者に対するカントの根深い怒りを表しています。

その内容はこれまでの繰り返しですが、一点、注目すべき箇所があります。それは、「公衆にはそれらの諸真理の使用だけを知らせ、だが、それらの諸真理は独占するのである」という文章であって、独断論者は自分たちだけが真理を「保管し」、公衆にはその通りに使えと知らせるだけだということ。括弧の中はカントの好みの寸言であって、言葉を補えば、「私と同様知らないことを、彼だけが〔じつは知らないのに〕知っているとみなされようとしている」滑稽さ、という意味は明瞭でしょう。

12　公衆に対する思弁的哲学者の役割?

こうして、えんえんと独断論者を非難してきましたが、注目すべきことに、とはいえカントは、「批判」は万人の理性に訴えるゆえに、公衆も自分の理性に照らし合わせればわかるはずだ、と言いたいわけではないのです。

それにもかかわらず思弁的哲学者のもっと正当な要求に対してもやはり配慮がなされている。思弁的哲学者は、もっぱら、公衆はその知識をもってはいないが、公衆にとって有益な或る学、すなわち理性の批判の受託者であることには変わりがない。（六四頁）

すべての人は理性的存在者なのですが、カントは、『純粋理性批判』はそのすべての人にわかるはずだとみなしていたわけではない。ここは、とても大切な点であり、本書の存在意義にも関わるところです。

では、「思弁的哲学者たちは、もっぱら、公衆（Publikum）はその知識をもってはいないが、公衆にとって有益な或る学、すなわち理性の批判の受託者（Destpitiär）である」とはいかなることでしょうか？　独断哲学者とは、形而上学的知識の所有権を独占して、公衆に知らせない者ですが、「受託者」とは、ある正当な権利をもった者（公衆）からその所有物を預かった者です。

しかし、そうだとして、具体的に思弁哲学者は公衆に対していかなる役割を果たすべきなのか？このあとずっと読んでいっても、その役割ははっきりしないのですが、とにかく読み進んでみましょう。

なぜなら、理性の批判はけっして通俗的とはなりえないし、またそうなる必要もないからである。というのは、有益な真理のために繊細に織りなされた論拠は民衆には理解できないが、それと同様、こうした論拠に対する同じく精緻な論駁をいつか民衆が思いつくということもないからである。（六四頁）

この箇所でカントは、さらに「批判」は、未来永劫にわたって「公衆」ないし「大衆（Volk）」にわかるはずはない、と決めつけているわけですから、先の疑問はますます肥大してきます。

これに反して、思弁の高みに達しているあらゆる人々と同じく、学派は論拠を示し論駁を加えざるをえないゆえ、そうした学派は、形而上学者たちが、（形而上学者としては結局はおそらく聖職者たちも）批判なしでは不可避的に捲きこまれ、だから、やがては彼らの教説をおのずから誤らせる諸論争のうちから、早晩民衆にすら生ずるにちがいない醜聞を、思弁的理性の権利を根本

的に研究することによって一挙に防止する責務を負っている。（六四―六五頁）

ここでカントは、以上の問いに対する解答を出しているようなのですが、きわめて漠然とした記述になっている。ここを課題にしましょう。いつもと趣向を変えて、なるべくカントに好意的に解釈してみてください。努力すれば、どうにか辿れる細い道が前方に延びていることがわかってきます。

ところでこの理性の批判によってのみ、唯物論、宿命論、無神論、自由思想的な無信仰、狂信や迷信など、一般的に有害となりうるものが、最後にはまた観念論や懐疑論など、むしろ学派にとって危険であって、公衆にはゆきわたりにくいものも、根こそぎにさえされうる。（六五頁）

こうして（?）、右に書いてあるように、批判を経ていないあらゆる「一般的に有害となりうるもの」のみならず、「むしろ学派にとって危険であって、公衆にはゆきわたりにくいものも」、根絶されるのです。カントはこう言っていますが、突如、解決された結果だけが大々的に示されて、少し面食らってしまいます。

いいでしょうか？　先の課題は、文章の行間を読んで、「批判」を理解できない公衆に対しても、なお思弁的哲学者の何らかの役割を示すことなのですが、このことを確認して、次に進みます。

次に、突然「政府」の話に変わります。なかなか辛辣でかつユーモアがあって、思わず笑ってしまうのですが――このあたり、カントはニーチェの「感触」に似ていますね――、よくぞ言ってくれたと思います。

政府が学者の問題にこそかかわりあうのが有益であると悟るなら、理性の仕事がそれによってのみ確固とした足場をあたえられうるところの、そうした批判の自由を助成することが、諸学ならびに人類に対する政府の賢明な配慮にとっては、諸学派の笑うべき専制政治を支持するよりも、はるかにふさわしいことであって、そうした諸学派は、彼らのつむいだ蜘蛛の巣が破れると、公共の危険だと声高な叫びをあげるが、公衆は彼らの蜘蛛の巣などにはいまだかつて注意したことがなく、だからその損失を感ずることもけっしてありえないのである。（六五頁）

本書の出版のころは、プロイセンの国王は啓蒙的なフリードリヒ二世（フリードリヒ大王）であったこともあり、カントは当時のプロイセン政府のとっていた立憲君主制を大まかな理想にしていました。後にフリードリヒ＝ヴィルヘルム二世に代替わりして、六年後の『単なる理性の限界内における宗教』（一七九三年。北岡武司訳、カント全集第一〇巻、岩波書店、二〇〇〇年）の出版によって、カントはプロイセン当局から咎めを受け、宗教に関する出版ならびに発言の停止という処分を受けましたが、その後、フリードリヒ＝ヴィルヘルム三世に国王が代わって、その処分も取り消されています。

ちょうど当時は、一七八九年のフランス大革命によって、ヨーロッパ中に激震が走ったころであって、カントは「革命」という手段には反対でしたが、自由を求めたフランス革命には好意的であったと伝えられています。そういう当時の状況を考えると、政府が「諸学派の笑うべき専制政治を支持する」よりも、「批判の自由を助成する」ことは当然のことでしょう。また、独断論者を「蜘蛛の巣」に喩えていますが、後にニーチェが僧侶たちをこう喩えたことを想い起こさせます。

これに続く部分は、「彼らのつむいだ蜘蛛の巣が破れると、公共の危険だと声高な叫びをあげるが、公衆は彼らの蜘蛛の巣などにはいまだかって注意したことがなく、だからその損失を感ずることもけっしてありえない」というわけですが——先に出した課題とも関係するのですが——、カントの意図がいまひとつはっきりしない。

独断論者は、神や魂という蜘蛛の巣を張り巡らせて、公衆（の心）をとらえようとしてきたが、この啓蒙の時代、公衆はそんなものに「注意」などしないのであって、それが破れたとしてもいかなる「損失」にもならない、という字面の意味はわかります。しかし、そうなら、何も目くじらをたてることはなく、誰もかかることのない蜘蛛の巣など放っておけばいいのに、とも考えられるのではないでしょうか？　この疑問も合わせて、課題に答えてください。

対話4

課題は、以下のわかりにくい文章の解読です。

これに反して、思弁の高みに達しているあらゆる人々と同じく、学派は論拠を示し論駁を加えざるをえないゆえ、そうした学派は、形而上学者たちが、（形而上学者としては結局はおそらく聖職者たちも）批判なしでは不可避的に捲きこまれ、だから、やがては彼らの教説をおのずから誤らせる諸論争のうちから、早晩民衆にすら生ずるにちがいない醜聞を、思弁的理性の権利を根本的に研究することによって一挙に防止する責務を負っている。

（六四―六五頁）

整理すると、主文の主語は「そうした学派」であり、述語は「早晩民衆にすら生ずるにちがいない醜聞を、思弁的理性の権利を根本的に研究することによって一挙に防止する責務を負っている」です。すると、カントがここで言っていることは、「そうした学派」は、独断論にしがみついている限り、唯物論や懐疑論との「諸論争」に巻き込まれること必至であり、唯物論や懐疑論の「醜聞」を「民衆にすら生ずる」ようなものに加担してしまう。よって、「思弁的理性の権利（批判）を根本的に研究すること」によって、こうしたことを「一挙に防止する責務を負っている」、ということになります。

これが第一段階。これに加えて、第二段階として――ここには書かれていないのですが――、たしかにカントは「批判」は公衆にはわかるはずがないと決めついているし、独断論者が独占しようとしている学説も公衆には理解不能だと言っている。しかし、いまや「啓蒙の時代」であって、公衆に「批判精神」を徐々に教育していって、独断論は成り立たないことをわからせ、少なくとも公衆が無神論や唯物論や懐疑論に走らないように教えることはできる。カントは多分こう考えているのでしょう。

以上が、なるべくカントに好意的に解釈した解答です。

13　独断論と独断的手続き

このあと、かなりカントを読み込んでいる人にも意外と思われることが書いてある。長い文章ですが、「独断的な手続き」と「独断論」との対比が重要ですので、長い一文を、切らずに引用します。

批判が反対しているのは、理性がその純粋認識を学として取り扱うときの独断的な手続きではなくて（なぜなら、学はいつでも独断的でなければならず、言いかえれば、ア・プリオリな確実な諸原理から厳密に証明されていなければならないからである）、独断論であり、言いかえれば、概念（哲学的概念）からの純粋認識だけでもって、理性が長いこと使用してきた諸原理にしたがいつつ、しかも理性がそうした純粋認識に達した仕方や権利を問いたずねることなしにやっていく越権である。それゆえ独断論とは、理性自身の能力をまえもって批判することのない、純粋理性の独断的な手続きのことである。

（六五―六六頁）

カントはここで、独断的手続きには反対せず、独断論に反対している――こんな重要なことは、もっと前に言ってくれればいいものを、と思いますが。

その場合、彼はじつは矛盾ぎりぎりのことを語っているのですが、気づいているでしょうか？　すなわち、一方では、広義の独断的手続きを、「ア・プリオリな確実な諸原理から厳密に証明されている」ことだとしながら、他方では、独断論とは「理性自身の能力をまえもって批判することのない、純粋理性の独断的な手続きのことである」と言っている。

合わせると、独断的な手続きとは「理性自身の能力をまえもって批判することのない、ア・プリオリな確実な諸原理から厳密に証明されている」手続きとなり、意味不明です。さて、これを課題の二番目としましょう。ちょっとパズルのようで、気が引けるのですが、この「矛盾のように見える発言」を、どう解釈したら、矛盾は解消されるでしょうか？　正解が一つあるわけではありませんので、柔軟に考えてみてください。

対話5

以下が課題です。

批判が反対しているのは、理性がその純粋認識を学として取り扱うときの独断的な手続きではなくて（なぜなら、学はいつでも独断的でなければならず、言いかえればア・プリオリな確実な諸原理から厳密に証明されていなければならないからである）、独断論であり、言いかえれば、概念（哲学的概念）からの純粋認識だけでもって、理性が長いこと使用してきた諸原理にしたがいつつ、しかも理性がそうした純粋認識に達した仕方や権利を問いたずねることなしにやっていく越権である。それゆえ独断論とは、理性自身の能力をまえもって批判することのない、純粋理性の独断的な手続きのことである。

（六五―六六頁）

カントは、一方で、「独断的」とは「ア・プリオリな確実な諸原理から厳密に証明されて」いることであって、「独断的手続き」とはこうした手続きだと言っている。そして、他方で「独断論」とは「理性が長いこと使用してきた諸原理にしたがいつつ、しかも理性がそうした純粋認識に達した仕方や権利を問いたずねることなにしにやっていく越権である」と言っている。

ここまでは、両者の区別は明快であり、これでいいのです。しかし、その後でカント自身がもう一度言いかえている「独断論」の規定が、（一見）矛盾なのです。なぜなら、「独断論」とは、「理性自身の能力をまえもって批判することのない純粋理性の独断的な手続き」なのですから、この「純粋理性の独断的な手続き」に、先の「ア・プリオリな確実な諸原理から厳密に証明されている」手続きを代入すると、「理性自身の能力をまえもって批判することのない、ア・プリオリな確実な諸原理から厳密に証明されて」いる手続きとなってしまい、どうもおかしいからです。

まして、「独断論」のもう一つの規定を代入すると、「理性が長いこと使用してきた諸原理にしたがいつつ、しかも理性がそうした純粋認識に達した仕方や権利を問いたずねることなにしにやっていく越権である」ような「独断的手続き」、すなわち「理性がそうした純粋認識に達した仕方や権利を問いたずねることなにしにやっていく越権」であるような「ア・プリオリな確実な諸原理から厳密に証明されている手続き」となってしまい、明らかに不整合です。

この問いの答えは、「ア・プリオリ」という概念の二義性に帰着します。①「経験から独立な」という広義——これは、ギリシャ語の原意「より先なるものから」に近い。②「経験を可能にする」というカントの認識論独自の意味。すなわち「経験から独立であり、かつ経験を可能にする」という教義。

このうち、思弁的（理論）理性における「ア・プリオリ」は②であって、よって「ア・プリオリな認識」とは、時間・空間という直観形式のもとにある、経験のうちなる認識です。

しかし、こうした狭義の「ア・プリオリ」②ではない広義の「ア・プリオリ」①もある。その典型は道徳的法則であって、道徳的法則の具体化である「嘘をつくべきではない」は、経験を超えていながら、ア・プリオリな認識なのです――これに実践的実在性が呼応する。

この文章を書いているときの、カント自身の心理状態は正確にはわかりませんが、こうした「ア・プリオリ」という概念の二義性を前提しながら、「独断論」を論じるときには①の広義を、そして「独断的な手続き」を論じるときには②の狭義を使用しているように思われます。

とはいえ、カントは、最後の文章を書いたときに、私が――いじわるにも？――先に合成したように、自分自身がちょっと前に掲げた「独断論」と「独断的手続き」との規定、その両者を単純に合成したわけではないでしょうから、「独断論とは、理性自身の能力をまえもって批判することのない、純粋理性の独断的な手続き（Verfahren）のことである」という程度の軽い気持ちで書いたのでしょう。

というわけで、意外に「つまらない回答」に落ち着いたようですが、カントを「解読する」とは、こうした「つまらない回答」に至るまでに、考えられる限りの整合的な解釈を試みてみるということなので――時間的にも労力的にも紙の使用からしても――、無駄な議論かなあと思いつつも、あえて見本を示してみた次第です。

14 「批判」に基づいた形而上学への要求と、それに答える義務

次に取り上げる箇所の内容に入りますが、カントの込み入った主張は、悪意をもって読めば破綻しているようでもあり、善意をもって読めばどうにか辻褄があっているようでもある、という微妙な線上をずっと進んでゆきます。

だからこの反対は、通俗性という僭越な名称のもとで饒舌をふるう浅薄さを弁護するものでもなければ、それどころか、全形而上学をあっさりと片づけてしまう懐疑論を弁護するものでもない。むしろこの批判は、学としての根本的な形而上学を促進するために、あらかじめなされる必然的な用意であって、そうした形而上学は、必然的に独断的に、また最も厳しい要求にしたがって体系的に、それゆえ学術的に（通俗的にではなく）遂行されなければならない。（六六頁）

前に見たように、カントが矛先を向けているのは、批判を経ていない「独断論」であって、批判を経ている場合は、形而上学は「独断的手続き」にならざるをえず、それに反対しているわけではない、ということでした。さらに、その真意を探る必要があるのですが、さしあたり次のようなことが考えられるでしょう。

1　形而上学とは「自然の形而上学」と「道徳の形而上学」であり、これらは経験科学ではないのだから、経験に基づいた手続き（実証）は採用できず、経験に基づかない（ア・プリオリな）手続きを採用せざるを得ない。

2　形而上学は「批判」を経ているのでなければならない。
3　形而上学は、体系的・学術的な学（一般存在論）でなければならない。

これらの点を押さえておけば、カントが一方で、通俗的・独断論的形而上学を否定するのも、他方で、形而上学一般を拒否する懐疑論を否定するのも当然のことです。

なぜなら、この形而上学に対するこうした要求は、この形而上学が、全面的にア・プリオリに、したがって思弁的理性が完全に満足するように、おのれの義務を遂行すべき責任を負っているのであるから、ゆるがせにはできないからである。（六六頁）

いまや、「批判」に基づいた真の形而上学が「要求」されていて、こうした形而上学は、その要求に答えるという「義務を遂行すべき責任を負っている」というわけです。その舞台裏を探ると、『純粋理性批判』第一版（一七八一年）と第二版（一七八七年）のあいだに、カントは『啓蒙とは何か？その問いの解答』（一七八四年。篠田英雄訳、岩波文庫、一九二五年）という書を刊行し、その中で、いまを「啓蒙の時代」と見なしているのですが、それは同時に「批判の時代」でもある。ヘーゲル的に言えば、まさにカントは「時代精神」に支えられて、こうした自信に溢れる言葉を発しているのではないか、と思われます。

第二章　純粋理性の体系と第二版

1　ヴォルフの独断哲学の遺産

ここから、独断論哲学者の代表として、クリスチャン・ヴォルフが登場します。

> それゆえ、この批判が命ずる計画の遂行においては、言いかえれば、形而上学の将来の体系においては、私たちは、すべての独断的哲学者のうちの最も偉大な哲学者、あの有名なヴォルフの厳密な方法にいつかは従わなければならないのであって、このヴォルフは、原理の法則にかなった確立、概念の判然たる規定、証明の検討ずみの厳密さ、推論における大胆な飛躍の防止によって、学の確実な歩みがたどられうるという実例を示した最初の人である（またこの実例によって、ドイツにおける今日にいたるまでなお消えやらぬ徹底性の精神の創始者となった）。（六六頁）

ヴォルフは、生年でカントより五〇年ほど前の人であり、当時のドイツ講壇哲学の大立者でした——いまではカント学者くらいしか研究せず、いやカント学者の中でも、ヴォルフを真剣に研究する人は多くはなく、綜合的に研究している人は山本道雄さん（神戸大学）くらいでしょうか。

ヴォルフは、はじめてドイツ語で哲学書を書いた人としても有名で——ライプニッツはラテン語とフランス語――、ラテン語の形而上学と並んで浩瀚なドイツ語の形而上学を書き上げました。カントの哲学概念の多くは、ヴォルフから借用したと言われています。

さて、注目すべきことに、カントは、ヴォルフこそ「批判」を欠いた独断論者の典型だとみなしながらも、彼が「学の確実な歩み」を示したことを大変評価している。ヴォルフに対するこうしたプラスとマイナスの評価が、カントの文章にもそのまま表れていて、矛盾する響きをもってしまうのです。カントにとって、形而上学は「批判」に基づいてこそ価値があり、それを示すのに一一年もかけて『純粋理性批判』を書いたのに、その「批判」を欠いたヴォルフの形而上学をカントは思いのほか評価している。このことに、読者は驚かなければならないはずです。

ここを整合的に読むには、カントは、ヴォルフの形而上学の外形的な法則性、厳密さ、確実性のみを評価していると解するほかなく、その代償として「学の確実な歩み」の部分はカットせざるをえない。いかに「原理の法則にかなった確立、概念の判然たる規定、証明の検討ずみの厳密さ、推論における大胆な飛躍の防止」がなされていようとも、「批判」を欠いた形而上学において、「学の確実な歩みを示した」ことにはならないはずだからです。事実、その次にカントは遅まきながら修正している。

ヴォルフはまた、まさにこのゆえに、形而上学というようなそうした学を、学の確実な歩みというこの状態へと置き移すのにとりわけ適していたが、彼には、機関の批判、つまり純粋理性そのものの批判によって、この分野をあらかじめ整えておくことは思いつくことができなかった。これは一つの欠陥ではあるが、この欠陥は、彼にというより、むしろ彼の時代の独断的な考え方に帰すべきであり、だからこの点に関しては、彼の時代の哲学者たちも、あらゆるそれ以前の時代

の哲学者たちもなんらたがいに非難しあうべきではない。（六七頁）

ここでカントは、「批判」を欠いていたことについて、ヴォフル個人を責めるべきではなく、「むしろ彼の時代の独断的な考え方に帰すべきであり、だからこの点に関しては、彼の時代の哲学者たちも、あらゆるそれ以前の時代の哲学者たちもなんらたがいに非難しあうべきではない」と主張しているわけで、なんとも「寛大な処置」を施しているのです。

これこそ、先に示した「時代精神」という考えの現れであり、これに対して同時代の通俗哲学者たち――モーゼス・メンデルスゾーン、Chr. ガルフェ、J・G・H・フェーダー、J・A・エーベルハルトなどには異様に不寛容であったのも、いまや「啓蒙の時代」であるのに、というカントの思いがあったからではないのか、と推測できます――そう推測するしか、整合的には読めない。

「機関（Organon）」という概念はアリストテレスに由来し、一般論理学のように、いかなる知識にも適用できる「道具」の意味ですが、これに対して、領域が限定されているのが「超越論的論理学」です。カントは「超越論的方法論」の中で「機関」に「規準（Kanon）」という概念を対比させたうえで、「超越論的論理学」は経験という領域とそれを超える領域とをわかつ「規準」を設定した論理学だとみなしています。

ここでカントが、ヴォルフは「機関の批判」を「あらかじめ整えておくことは思いつくことができなかった」と言っていることから、「機関」とは――本来の意味から逸れますが――「形而上学」であり、「批判」とはその前に「あらかじめ整えておく」べき手続きという意味で使っていることがわかります。

ヴォルフの教え方を、だが同時にまた純粋理性のこの批判の手続きをも非難する人々は、学の拘束を投げすてさえし、労苦を遊びに、確実性を私見に、哲学を臆見的哲学に変ずること以外には、何ひとつとしてもくろむことはできないのである。

（六七頁）

さて、ここに至って――私には――それまで立ち籠めていた濃霧がさっと晴れて、眼前の光景がはっきり見えるようになったのですが、みなさんはどうでしょうか？　カントは「ヴォルフの教え方を、だが同時にまた純粋理性のこの批判の手続きをも非難する人々」と言って、自分をヴォルフ学派の側に置いているのです。

「批判」を欠いた独断論者の代表としてのヴォルフと批判主義者のカントには、共通の敵がいる。それは、「学の拘束を投げすてさえし、労苦を遊びに、確実性を私見に、哲学を臆見的哲学に変ずること以外には、何ひとつとしてもくろむことはできない」輩、すなわち、無神論者であり、唯物論者であり、懐疑論者です。カントにとって最も恐るべき敵は彼らなのであり、その敵を撃退するという点からみれば、独断論者のヴォルフも仲間だというわけです。

これで、ずっともやもやしていたもの、ヴォルフに対するカントのほとんど矛盾と言えるような態度の秘密が解けました。ヴォルフは無神論者、唯物論者、懐疑論者たちを打倒するという点では、仲間なのであり、「批判」を欠いているという点では、敵なのです。こうはっきり語る代わりに、カントの筆致にこの二重性が出てしまっているのです。

ここで、あらためて感じますが、カントの文章の独特の難解さ――の一部――は、このあたりにあるようです。すなわち、彼は自分の心理状態をそのまま「文章に籠める」書き方をし、そうした心の動きを正確に辿らないと、字面だけでは解読できない――困った――タイプの書き手なのです。

2　第二版では『純粋理性批判』の内容自身は変えていない？

この後は、この第二版の序文の舞台裏を綴ったものですが、カント研究にとってはきわめて重要な事実が次々に出てくる箇所です。

> この第二版に関して言えば、私は、当然のことながら、難解さと曖昧さとを出来るだけ是正するため、この改版の機会をのがそうとはしなかったが、それらの難解さや曖昧さから少なからぬ誤解が発したのであるかもしれず、そうした誤解は、おそらく私にも責任がなくはないが、明敏な人々にもこの書物を判定したときにおこったものである。（六七頁）

なんとなくわかったようでわからない文章なのですが、私〔カント〕は、第一版の「難解さと曖昧さ」を除去しようと努めたけれど、そこから誤解が発生したのは、私の責任のみならず明敏な読者の責任でもある、というほどの意味。とにかく自己弁明なのですが、カントは次にきわめて重要なことを告白している。

> 命題自身とその証明根拠、同じくその計画の形式ならびに完璧さにおいては、私は何ひとつとして変更すべきものを見いださなかった。このことは、一つには、私がこの書物を公刊するに先立

って、それらの点にくわえた長いあいだの検討に、また一つには、事柄自体の性質、つまり純粋思弁的理性の本性に帰せられるべきであって、純粋思弁的理性は、そこではすべてのものが機関である一つの真の構造を、すなわち、そこではすべてのものが一つのもののために、またそれぞれの個々のものがすべてのもののためにあり、したがってどれほど小さなあらゆる破綻も、それが過失（誤謬）であろうと欠陥であろうと、使用してみれば不可避的にあらわれずにはおかない一つの真の構造を含んでいるのである。

（六七―六八頁）

まず、字面をたどってみるに、形而上学は、体系的・学問的に整合的な体系（機関）であり、「批判」はそのための方法ですから、「批判」も形而上学という機関の「一つの真の構造を含んでいる」わけです。ざっくり言ってしまえば、「批判」は唯一の形而上学のための唯一の方法であるはずです。とすると、第一版から第二版へかけて、「批判」の内容自身に変更があるはずがない。あとで断っていますが、変更があるのは、「叙述という点」（六八頁）だけだというわけです。さて、問題はこれを文字通りにとっていいものか、ということ。「批判」の理念からすると、こうなるのは当然であって、もし訂正があるなら、第一版のあの高らかな調子の「序文」は何だったのだろう、ということになりますから。

しかし、実際に第二版を読めばすぐわかるように、変更はとうてい「叙述という点」だけとはみなせず、根本的な構図の変更とすら言えるものが少なからずあることを認めざるをえない。このことに関しては、カント研究においてはほぼ決着がついていて、いまどき第一版と第二版との差異を「叙述という点」だけに限って読むカント学者はまずいないと言っていいでしょう。

というわけで、このあたりの解読は、一筋縄ではいかないことを示唆して、ここでは終わりとします。

3　純粋理性の体系

ここでようやく、解読する予定のテキストに戻りますが、前からの続きの議論がもう少し残っています。すなわち、純粋理性は一個の完全な体系なのだから、その批判である『純粋理性批判』第一版はその一部分も変更を加えてはならないという信念と、じつのところ第一版は思いのほか多くの誤解を産んだという事実とをどう調整するかという難問に、カントは立たされたわけです。

しかし、それは、どうもうまく解決されていない。と言うのも、結論を先に言ってしまうと、カントはじつのところ第二版では、その基本構図において、少なからぬ変更を加えているからです。よって、これからはどうしても、「言い訳がましく」響く文章が連なっている。まあ、これもカントという人――その思考法――を知るうえで役に立つので、ごまかさずに――カントにごまかされずに――進みましょう。

このように変更をくわえられないままこの体系が今後とも保ちつづけることを、私はねがっている。私が当然こうした信頼をいだきうるのは、自惚からではなく、たんに証拠があるからであり、その証拠は、純粋理性の最小の要素からその全体にまで進んでいっても、またその全体（なぜなら、この全体も実践的なものにおける純粋理性の究極意図をつうじてそれ自身だけで与えられているから）からあらゆる部分へと帰っていっても、等しい結果を示す実験からえられるものであるが、それは、きわめてわずかの部分だけでも変更しようとする試みは、この体系の矛盾のみならず、一般的な人間理性の矛盾をもただちにひきおこすからにほかならない。（六八頁）

純粋理性は一つの整合的な体系であるから、「純粋理性の最小の要素からその全体にまで進んでいっても、またその全体……からあらゆる部分へと帰っていっても、等しい結果を示す」というわけです。これが、なぜ「実験」かは、五〇頁の注★にあるとおりです。再度、引用しておきましょう。

自然科学者を模倣したこの方法の本質は、純粋理性の諸要素を、実験によって確証され、ないしは論駁されるもののうちに求めるという点にある。……それゆえ実験は、私たちがア・プリオリに容認する諸概念や諸原則に関してのみ可能となるであろうが……。（五〇頁）

これは、「実験的方法」という有名な方法なのですが、まさに「コペルニクス的転回」の意味が「コペルニクスの転回」からかなり逸れていたように、普通の自然科学における「実験（Experiment）」からかなり逸れている。それは「ア・プリオリに容認する諸概念や諸原則に関してのみ可能となる」ような、（科学）実験などないことからもわかりましょう。

すなわち、カントの言う「実験的方法」とは、時間・空間・カテゴリーといった「経験を可能にする条件」を所与に投入して、「可能な経験」を構成することなのですが、（科学的）実験と共通の側面もあります。それは、こうした「実験」によって、真偽が確定するということ。

（科学的）実験は、現象に実験をもち込むことによって仮説の真偽を確定することと言っていいでしょうが、ア・プリオリな実験とは、レベルが一段階上がって、所与に実験をもち込むことによって、そもそも真偽が可能な領野――すなわち「現象＝経験」――を確定することです。むしろ、神や魂や自由は、このア・プリオリな実験という方法によって真偽が確定されないことが判明することこそが、その大きな成果でしょう。

こうして、実験的方法により、真偽が確定する「経験」という領野とそれを超える領野とを区別することも含めて、全体は一個の整合的体系をなしているのだから、『純粋理性批判』に「変更を加えられないままこの体系が今後とも保ちつづけることを私〔カント〕はねがっている」のです。

そして、こうした堅い信念が、以下の多少事実に反する叙述を誘導しているように思われます。

4 「叙述」における訂正

ここからカントが、第二版において、第一版をいかなる点で訂正したかを語る、きわめて興味深い箇所に突入します。

しかしながら叙述という点ではなお為すべき多くのことがあり、だからこの点で私はこの第二版に関してはいくつかの改訂をこころみたが、それらの諸改訂は、一つには感性論の誤解を、とりわけ時間の概念における誤解を、一つには悟性概念の演繹の曖昧さを、一つには純粋悟性の諸原則の証明においてみられると思われる十分な証拠の欠如を、最後に一つには合理的心理学を非難した誤謬推論の誤解を除去しようとしている。（六八頁）

あらためて訂正箇所を並べてみると、以下のようになります。

① 感性論（とくに時間の概念）
② カテゴリーの演繹
③ 原則論の証明の仕方
④ 誤謬推理

そして、これから後は内容に関する訂正がないことを、カントは断言している。

そこまで（つまり、超越論的弁証論の第一章の終わりまでだけ）私は叙述の仕方を変更したが、この変更はそれから先へはおよんでいない。というのは、時間が余りにも不足していたし、残余の部分に関しては私は専門的知識をもって公平に検討してくれた人々のいかなる誤解をも見いださなかったからであるが、私はそれらの人々の名を然るべき讃辞を呈してあげるわけにはゆかないが、彼らは、私が彼らの注意に払った顧慮を、それぞれの箇所できっとおのずから見いだすであろう。

（六八―六九頁）

「超越論的弁証論の第一章」は誤謬推理ですから、第二章「二律背反」から後の訂正はないということです。カントはここで、いつものように（?）、曖昧な点を払拭しない書き方をするのですが、訂正がそこで止まっている理由として、①時間の不足、②専門家に誤解される恐れはないこと、の二点を挙げていますが、真の理由はこの①だけだと言っていいでしょう。その後も、とうてい「専門家に誤解される恐れはない」とは言えないからです。

しかしこうした改訂でもって読者には、この書物をすこぶる嵩張《かさば》ったものにすることなしには、防ぎようのなかった或るささやかな損失を負わせることになった。つまり、なるほど本質的には全体の完璧性に属してはいないが、他の点では役立ちうるのであるから、少なからぬ読者が省くことをやはり好まなかったかもしれないさまざまの箇所が、削除されたり簡略に論述されざるをえなかったのである。（六九頁）

さて、ここでの課題一は、趣向を変えてこの文章にしましょうか？　訳文はけっしていいものではありませんが、よく読むとわかる程度にはなっている。としても、カントのこういうもったいぶった書き方は慣れるのに時間がかかるでしょう。以上の文章の意味を細部にわたって微塵も変えずに、明晰な日本語に直してください。

次の部分も弁解がましいのですが、文章は簡明です。

これは、願わくば現在のいっそう理解しやすい叙述に席をあたえるためであって、そうした叙述は、命題に関して、またその証明根拠に関してすら、根本において断じて何ひとつとして変えてはいないが、それでも論述の方法においてはときとして、それが挿入によってはやりとげられなかったほど、第一版のものとは異なっている。このささやかな損失は、それはもともと随意に第一版との比較によってつぐなわれうるのであるが、この版がはるかに理解しやすくなっていることによって十二分につぐなわれているよう、私はねがっている。（六九頁）

本質的には何一つ変えていないが、「論述の方法においては」第二版での新たな論述を挿入するだけでは済まなかったので、仕方なく「ときとして」全文を書きかえたということ。それだけで、読者は、第一版と比較すれば完全にわかるし、そうでなくても、この第二版だけでずっとわかりやすくなったから、これで十分である、とカントは言いたいようです。

このように、先に出した課題の箇所も、なるべくわかりやすく、しかもカントの意図を少しも取りこぼさないで、書きかえてもらいたいのです。

私はさまざまの公刊された著作のうちに（一部は少なからぬ書評にふれる機会に、一部は特殊な論文のうちに）、ドイツにおける徹底性の精神（der Geist der Gründlichkeit in Deutschland）が死滅したのではなく、天才ぶった自由思想（Freiheit im Denken）という流行によってしばらく掻き消されたにすぎないということを、また、学術的に正しい、だがそうしたものとしてのみ永続的な、だからこのうえなく必然的な純粋理性の学へと導くところの批判のこの荊棘《いばら》にみちた小径《こみち》も、勇敢で聡明な人々がこの小径を克服するのを妨げなかったということを、感謝にみちた満足でもって認めてきた。（六九―七〇頁）

「ドイツ的徹底性（die deutsche Gründlichkeit）」とはよく言われることであり、私も大学一年でドイツ語初級を習ったとき、すぐに教えられました。カントがそれを意識していることが興味深いですね。「自由思想」ないし、「自由思想家（der freie Denker）」とは、「宗教からの自由」をスローガンに人間の自由を謳歌する当時のドイツ思想界で起こった潮流であって、ルソーに淵源し、フリードリヒ大王によってベルリンに招かれたヴォルテールがその典型であり、ヘルダーやゲーテやシラーの若いころに、「疾風怒涛（Sturm und Drang）」と呼ばれるドイツ古典文学勃興期をもたらしました。

そして、この文章において、あるいは他の数々の文章においても、カントはこうした潮流に対して距離を置いていたことがわかります。

訳語としてちょっとひっかかるのは「この小径を克服するのを妨げなかった」というこなれない文章ですが、「この小径を克服した」と書けばいいことです。

これらの有能な人々は洞察の徹底性と、さらに明快な叙述の才能（私はこの才能を自分がもっているとは格別思わないが）とを幸運にも合わせもっているのであるが、私は、後者の明快な叙述ということに関してはあちこち多分まだ欠陥だらけの私の仕事の完成を、彼らに委ねたく思う。なぜなら、論駁されるという危険はこの場合はないが、理解されない危険はおそらくあるからである。（七〇頁）

ここでカントが、「私はこの〔明快な叙述の〕才能を自分がもっているとは格別思わない」と告白しているこことはおもしろいですね。だから、その点は「有能な人々」に任せたいというのですが、最後の「なぜなら、論駁されるという危険はこの場合はないが、理解されない危険はおそらくあるからである」とはどういうことでしょうか？　先の課題に補足的に、これも課題二にしましょう。明確な文章にするには、適度に行間を補う必要があるでしょう。

対話6

まず課題の解説から。課題は二つありました。少し趣向を変えて、カントのきわめて特殊な思考法とそれを書き留める仕方に慣れてもらいたいために出しました。よって、哲学的に難しいところはないのですが、むしろ「綜合的人間力」をもって解読する能力が問われています。

一つ目は、次の箇所を解読すること。

しかしこうした改訂でもって読者には、この書物をすこぶる嵩張《かさば》ったものにすることなしには、防ぎようのなかった或るささやかな損失を負わせることになった。つまり、なるほど本質的には全体の完璧性に属してはいないが、他の点では役立ちうるのであるから、少なからぬ読者が省くことをやはり好まなかったかもしれないさまざまの箇所が、削除されたり簡略に論述されざるをえなかったのである。（六九頁）

課題は、このひねくり回したカントの表現を、日常語（普通語？）にすること。ですから、例えば次のようになります。

しかしこうした改訂によって、少なからぬ読者には、わずかではあるが損失を負わせることになった。その損失とは、この書物をきわめて嵩張ったものにすることによってのみ伝えうることを、省略せざるをえなかったことである。すなわち、その省略部分は、なるほど本質的には全体の完璧性に属してはいないが、他の点では役立ちうるものであるから、さまざまの箇所がこの改訂版で削除されたり、簡略に論述されざるをえなかったことは、少なからぬ読者がやはり好まなかったかもしれない。

こう書いても、意味はまったく同じですから、心から「こう書けばいいのに」と思いますがねえ。

二つ目は、次の箇所を解読すること。

これらの有能な人々は洞察の徹底性と、さらに明快な叙述の才能（私はこの才能を自分がもっているとは格別思わないが）とを幸運にも合わせもっているのであるが、私は、後者の明快な叙述ということに関してはあちこち多分まだ欠陥だらけの私の仕事の完成を、彼らに委ねたく思う。なぜなら、論駁されるという危険はこの場合はないが、理解されない危険はおそらくあるからである。（七〇頁）

このうち課題は、最後の「なぜなら、論駁されるという危険はこの場合はないが、理解されない危険はおそらくあるからである」という部分だけです。すなわち、課題までの文章は、「明快な叙述」は、自分には才能がないから、そうした才能のある人に「委ねたく思う」というふうに書きかえていいでしょう。そして、「なぜなら」とくるのですが、この前の文章と、その後の理由とがはっきりつながらないように見えるのです。

そこで思惟を巡らせるに、「この場合（in diesem Fall）」を「明快な叙述を人に委ねる場合」とすると読めなくなるので、「委ねない場合」と解してはどうかという考えに至る。私は自分が書いた難解だが正確な文章を、人に委ねて明確化するのは心苦しいけれど、もしそうしないで、もともとの難解な文章のままだと「〔難解だが、正確だから〕論駁されるという危険はない」が、「理解されない危険はおそらくある」から仕方ない、というふうに続くのです。

どうでしょうか？　こうした癖のある文章でも、丁寧に解きほぐしていけば、明確に「わかる」ということを見いだすのは快感ではないでしょうか？

5　第二版における改訂の舞台裏

さて、ここで取り上げる箇所に入りますが、依然として、第二版の改訂の舞台裏であって、現代の学術論文では、絶対と言っていいほどこういう書き方をしません。あたかも、新書などの一般書の「あとがき」のような書きぶりです。ですから――このあたりの翻訳は相当まずいできですが――、哲学的内容はほとんどなく、いちいちの語句の解説は省くことにしましょう。

私としては、いろいろの論争に今後はかかわりあうことはできない。もっとも私は、あらゆる警告には、それが賛成者からのものであれ、反対者からのものであれ、慎重に注意を払い、この予備学にふさわしく、将来その体系を遂行するときにそれらの諸警告を利用するつもりである。

（七〇頁）

このことを、カントが実際に遂行したか否かはともかくとして、右の箇所からは、この「批判」は「形而上学」のための「予備学」なのであって、「形而上学」を書くという主要な仕事がまだ残っているけれど、自分にはもう時間がそれほど残されていない、というカントの焦りが感じられます。

カントは、この「批判」がある程度の反撥を受けるだろうということは予想していましたが、これほどとは思わなかった。そこで、当初の計画にはなかったのですが、大幅に改訂した第二版を出そうという意欲に燃えて、六年もかけてそれを書き終えた。これは、そういう満足感を伴った焦りなのです。

私はこの仕事にたずさわっているあいだに相当の老齢に達したので（今月で六四歳になる）、私は、思弁的ならびに実践的理性の批判の正しさを確証するものとして、自然の形而上学ならびに人倫の形而上学を提供するという私の計画を完成しようとするなら、時間を節約せざるをえず、だから、この著作において最初はほとんど避けられなかった曖昧さを解明したり、ならびに全体を弁護したりすることは、この著作を自分のものとしてしまうことのできた有能な人々に期待せざるをえない。

（七〇―七一頁）

しかし、これほど注意していたにもかかわらず、「この著作を自分のものとしてしまうことができた有能な人々に期待せざるをえない」ことにはならず、その後もカントは「いろいろの論争に」引きずり回され続けました。

個々の点ではあらゆる哲学的論述はつつかれるものであるが（なぜなら、哲学的論述は、数学的論述のようには武装して発表されることはできないからである）、それにもかかわらず体系の構造は、統一あるものとして考察されるなら、そのさいでもいささかの危険にもおちいらないのであって、その体系が革新的なものであるときには、その体系を概観しうる老練な精神の所有者は少数しかおらず、概観する気のある人々は、彼らにはすべての革新が都合がわるいゆえ、はるかに少数である。（七一頁）

カントがここで考えている「数学的論述」とは数論や幾何学ですから、領域も限定され、すべて純粋直観に基づき、ある決まった記号を使用して、理論武装してかかるので、「つつかれる」ことがない。「つつかれる」と訳されたドイツ語は“zwacken”であって、「つねる」から「いじめる」という意味になる。しかし、哲学的論述はこれらすべてを欠いているので、「つつかれる」のです。

ここまではいいのですが、このあと明らかな誤訳がある。それは最後の「概観する気のある人々」ですが、だいたいこの日本語では意味が通じないはず。「概観しうる人」は少ないが、「概観する気のある人」はもっと少ないとはなにごとか！　普通、逆でしょう。「気のある人」のなかで「できる」人がさらに少ないのでしょう？

「気のある」と訳されたドイツ語は“Lust besitzen”ですから、誤訳の「原因」はすぐわかり、訳者はこれを“Lust haben”の軽い意味（〜する気がある）にとったのでしょうが、まったく違います。

これは、積極的に「楽しむ」ということ。「〔批判のような〕革新的なことを概観できる人は少なく、ましてそれを楽しむ人はもっと少ない」ということです。

また一見矛盾と思われるものも、個々の箇所が、その脈絡から引き離されて、たがいに比較されるときには、あらゆる著作のうちで、とりわけ自由に議論をすすめてゆく著作のうちで探し出されるが、そうした矛盾は、他人の判定を頼りにする人の眼には、その著作に不利な光を投げかけるものであっても、その著作の全体の理念を自分のものにしている人にとっては、きわめて容易に解決されうるものである。（七一頁）

ここもぎこちない日本語であり、工夫の欠けた翻訳ですが、順番を変えるだけで相当わかりやすくなる。「あらゆる著作のうちで、とりわけ自由に議論をすすめてゆく著作のうちで」を先頭にもってきて、あと適当に語順を変えると「個々の箇所が、その脈絡から引き離されて、たがいに比較されるときには、一見矛盾と思われるものも、探し出される」のです。

あとは、いいですね。こうした「一見矛盾と思われるもの」は、「他人の判定を頼りにする人」は、著作における欠点と考えるでしょうが、「その著作の全体の理念を自分のものにしている人にとっては」、矛盾ではないことがわかるということです。

ともあれ、或る理論がそれ自身において確立しているときには、最初はその理論にとって大きな危険となりかねなかった作用と反作用も、時とともに、その理論の凸凹をならすのに役立つだけであり、だから、公平な、洞察力のある、真の通俗性をこころえた人々がそのことにたずさわるときには、必要な優雅さをも短期間のうちにその理論にあたえるのに役立つのである。（七一頁）

この第二版の「序文」の最後の文章を、課題にします。少し躓くかもしれませんが、正確に解読してください。

対話7

まず課題の解説から。これまで何度も言いましたが、こうした抽象的な言葉の「裏にある具体的なもの」、これにぴったり呼応して、カントがこう語る「具体的意図」を、抉るように読み取ってもらいたい。

まず、これからの論述において「或る理論がそれ自身において確立している」という大前提があり、もちろん『純粋理性批判』はそうなのですが、その場合、「作用と反作用」、すなわち一見矛盾している、少なくとも不整合と思われるものが「最初はその理論にとって大きな危険となりかねなかった」のですが、「時とともに」かえって「理論の凸凹をならすのに役立つ」というのです。

一般論としてはすらっとわかる感じもしないので、この書に絞って考えてみると、誰でも感じますが、この書のいろいろな箇所を読んでいくと、論述に「作用と反作用」がはたらいて不整合に見えることが少なくない。しかし、何度も読み込み、全体の構成が頭に入ってくると、「時とともに」じつは真逆で、この不整合に見えたことこそが「凸凹〔真の不整合〕をならすのに役立つ」ということ。

これをうまく解決する読み方は一つしかない。すなわち、はじめ不整合に見えたものはじつはそうではないのであり、それは、かえって真の不整合を解消するのに役立つということ。この書に則して、いくらでも例を挙げることができますが、例えば、理念としての神や不死は、はじめどうも収まりが悪く、その意味で不整合に見えますが、批判の理解が増すにつれて、かえって神の現存在や不死の証明の不整合を解消するのに役立つ。

もう一つ挙げましょう。超越論的観念論と物自体は、同時代あるいは後の多くの哲学者が指摘したように、どうも不整合に見えるけれど、まさにこれがない場合の超越論的観念論の不整合を解消するのに役立つのです。

しかし、このことを明晰に語るには、至難の技が必要なのであり、まさに「公平な、洞察力のある、真の通俗性をこころえた人々」がそれに取り組むほかない。ここで、カントが「真の通俗性（wahre Popularität）」という言葉を使っていることに注目してもらいたいのですが、この言葉の裏に、くれぐれも「安直な通俗性」を目指さないように、という「響き」が聴き取れるのではないでしょうか。

さて、これで第二版の序文の本文は終わりですが、参考までにその後のカントの「運命」を見ておくと、さらに『実践理性批判』を経て『判断力批判』を書き終えたときは、カントはすでに六六歳（一七九〇年）になっていました。そして、ようやく「形而上学」に取り掛かろうというまさにそのとき、『判断力批判』の三年後に刊行した『単なる理性の限界内における宗教』（一七九〇年。北岡武司訳、カント全集第六巻、岩波書店、二〇〇〇年）が時のプロイセン政府の咎めを受け、老カントは、今後一切の宗教に関する講義をしてはならず、書物も刊行してはならない、という処分を受けたのです。

そして、国王が代わってその咎めが解けたとき、すでにカントは七〇歳を超えていたのですが、まさに老体に鞭打ってようやくにして、ここに書いてあるように『人倫の形而上学』（「法の形而上学の基礎論」と「徳の形而上学の基礎論」。樽井正義・池尾恭一訳、カント全集第一一巻、岩波書店、二〇〇二年）を刊行したのですが、それはカント七三歳のときであり、遠慮会釈のない言葉を使えば、すでに燃え尽きた残骸、すなわち「燃えかす」のような著作しか残らなかったのです。

6　第二版における唯一の「本来の増補」？

さらに序文には長い「注（★）」がついていて、この「注」で、カントはきわめて重要なことを語っている。

> 本来の増補として、しかしそれも証明法に関するものにすぎないが、私が挙げうるかもしれないのは、心理学的観念論に対する新しい論駁と、外的直観の客観的実在性についての厳密な（私の信ずるところでは、それだけが可能でもある）証明とによって、二七五ページで私がなしたものだけである。（七一―七二頁）

「心理学的観念論に対する新しい論駁」とは、「様相の原則」と「現実性の原則」との途中に挟まれた「観念論論駁」のことです（原佑訳、この書、四四三—四四八頁）。そのごく一部を「序文」の注で「増補」しているのも、相当おかしなやり方です。ここを説明しだすと切りがないので、迷うところですが、大まかな骨格だけを述べましょう。

デカルトからの近代西洋哲学においては、実在と観念という二元論は崩すことのできない枠構造であり、これは、心の「そと」と「うち」という二元論にほかならない。心の「そと」に実在する家の写しが心の「うち」にある観念としての家であって、その場合、観念論とは、心の「うち」にある観念としての家は確実でも、心の「そと」にある実在する家は確実ではない、という考えです。

カントの言葉を使えば、心理学的観念論とは、外的直観（経験）における実在としての家は——デカルトのように——疑わしいか、あるいは——バークリィのように——存在しないか、のどちらかであるけれど、内的直観（経験）における観念としての家は確実にあることになります。

そして、カントは先の「観念論論駁」において、こうした心理的観念論を論駁し、むしろ逆に、内的経験は外的経験を前提しているとしました。そのうえで、外的経験における対象（家）もまた観念だとしたのです——これが超越論的観念論。すなわち、外的経験における対象も内的経験における対象も同じように観念であるけれど、前者が後者の前提となる、という意味で後者に優先するというわけです。

そして、このことが第一版と第二版との違いを浮き彫りにしているのですが、その話に入るとまた長くなりますので、ここではカットせざるをえません。一つだけ覚えておいてもらいたいことは、カントがなぜ第二版で「観念論論駁」を挿入したかというと、『純粋理性批判』の指し示す超越論的観念論が、デカルトやバークリィの心理学的観念論と同じであると誤解されたのですが、それを論駁するには、外的経験もまた観念であり、しかも内的経験に優先する、と主張することが絶対に必要だ――とカントは考えた――からです。

しかし、すでに見たところですが、カントは第一版における「命題自身とその証明根拠、同じくその計画の形式ならびに完璧さにおいては、私は何ひとつとして変更すべきものを見いださなかった」（六七頁）のですから、この「観念論論駁」の挿入も、第一版の「変更」ではないわけです。

さらに、この「注」における増補も、「証明法に関するものにすぎない」のであって、やはり「変更」ではないことになる。このあたりは、文字通りとらえることはできませんが、その検討はもう少し進んでからにしましょう――多分、次の回に少し触れますが、最終的には「観念論論駁」の解説のときになる。

さて、こうしてカントは心理学的観念論を論駁するのですが、興味深いことに、この連関で「醜聞（Skandal）」という強い言葉を使っています。

観念論は形而上学の本質的な諸目的に関してはそれほど有害なものではないとみなされるかもしれないが（事実はそうではないのであるが）、私たちの外なる諸物（これらの諸物から私たちは私たちの内的感官にとってすらの認識の全素材をやはりえているのである）の現存在を、たんに信仰にもとづいて想定しなければならないということ、また、誰かがこのことに疑いをいだくことを思いついたとき、その人にいかなる満足な証明をも示しえないということ、このことは依然として哲学と一般的な人間理性にとっては一つの醜聞（Skandal）である。（七二頁）

カントは、「私たちの外なる諸物の現存在〔実在〕」の問題は認識ではなく信仰（信念）の問題であること、また「このこと〔外なる諸物の現存在〕」に対して「いかなる満足な証明をも示しえないということ」が、「哲学と一般的な人間理性にとっては一つの醜聞である」とさえ言う。「醜聞」という強い言葉を使って、カントは「観念論論駁」だけが「外なる諸物の現存在〔実在〕」を証明でき、すなわち超越論的観念論のみがそれを証明できる、と確信していたのです。

7 「醜聞（Skandal）」について――補足

これも有名なことですからここで言い添えておくと、ハイデガーは『存在と時間』の中で、この部分に触れて、「これまで外界の存在を証明できなかったことが醜聞なのではなく、外界の存在を証明しなければならないとみなしてきたこと、その構図こそが醜聞なのだ」と彼らしいやり方で批判しています。

ハイデガーは、こう語ることによって、この背後に潜む主観－客観図式の破壊を示唆しているのですが、そうでなくても現代日本の一般人が読んでも同じような感じをもつのではないでしょうか？　つまり、自分の周りに広がる外界（物体が配置されてある空間的世界）の「存在を証明する」という発想についていけないのではないか？　まさに、それこそが「ある」という意味の根幹をなしているからです。

多くの現代日本人は、自分の心が「ある」ことはもしかしたら危ういけれど、自分の身体やそれが踏みしめている道路や、自分の目の前の踏切が「ある」ことは確かだと感じているのではないでしょうか？　そうでないとしても、それを「証明する」という発想にはついていけないでしょうね。

しかし、まさにカントの世界に対する「感じ」は異なっていたのです。すなわち、自分が「見ていること」や「感じていること」は確かだが、「見ているもの（対象）」や「感じているもの（対象）」は確かではないと考えていた。これは、デカルト以来カントを経てフッサールに至るまで、めんめんと四百年も続いた観念論的世界の構図です。

ハイデガーは、この伝統的構図自体を「醜聞」だと言っていることになります。そして、『存在と時間』によって、それに代わる新たな構図を提案するのですが、それが果たして「醜聞」を完全に解消したことになるのか、それはまた別の問題になります。

というわけで、補足はここまでにして、いよいよこの『純粋理性批判』第二版において第一版への唯一の「増補」（七一頁）である部分を見ることにしましょう。

第三章　超越論的観念論と外的世界

1　外界の存在証明

「序文」で以下のように書くことはどうかと思いますが〔とても読みにくいから〕、カントはあえ次のように述べています。それも「★（注）」において。

この証明を述べた表現のうちには三行目から六行目までにいくつかの曖昧さが見いだされるゆえ、どうかこの節を次のように訂正してもらいたい。「しかしこの持続的なものは私の内なる直観ではありえない。なぜなら、私の現存在のすべての規定根拠は私の内において見いだされうるが、それらの規定根拠は表象であり、だから、そうした表象としては、この表象とは異なった或る持続的なものをみずから必要とするのであって、この持続的なものとの連関においてあの表象の転変が、したがって、あの表象がそのうちで転変する時間における私の現存在が規定されうるからである」。

（七四頁）

もともとの「曖昧さ」のある「三行目から六行目」までは、次のようになっていました。

「しかしこの持続的なものは私の内なる或るものではありえない。というのは、時間における私の現存在こそこの持続するものによってはじめて規定されうるからである」。（四四四頁）

カントは、この箇所の「というのは（なぜから）」以下を五行にわたって補足したわけですが、まだこの箇所を読んでいない人には、何のことか皆目わからないでしょう。この説明に入ると、「観念論論駁」すべてを解説しなければならないのですが、カントが第二版の「序文」で、ことさらここ「だけ」を補足しているからには、やはりその骨格だけはどうしても押さえておかなければならないので、予定を変更して「観念論論駁」の解説に入ります。

カントが考える「観念論」とは、デカルトのように、外的世界の存在を疑わしいと考えるか、バークレィのように、そもそも外的世界は無と考える、という立場です――ともに、心（内的世界）は存在するのですが。

こう書いても、これまで何度も言ってきたように、現代日本人の多くは、こう考える「敵（デカルト、バークレィ）」の主張が異様に見えてしまい、したがって、カントがこれを論駁しようとする意気込みがわからず、よって、カントの論駁の仕方もまた異様に思えてしまうのではないか、ということです。

驚くべきことに（?）、カントがそのときに使う武器は、「持続的なもの（das Beharrliche）」だけです。これは、物体でも保存則のもとにある物理量（質量、エネルギーなど）でもあって、カントはこうした「持続的なもの」は、内的経験にはなく、外的経験にしかないということから出発している。

これに関してもいろいろ言いたいことはありますが、きりがないのでここで詮索することはやめましょう。直観的に考えて、内的世界はただの「流れ」であって、そこには、いかなる――外的世界における物体のような――時間を通して「持続するもの」も、いかなる保存則もない、ということですから、その限りでわかるかもしれません。

ここまで基礎固めをしたうえで、あらためて「なぜなら」以下を見てみましょう。全体を五つの部分に区分します。

①私の現存在のすべての規定根拠は私の内において見いだされうるが、②それらの規定根拠は表象であり、③だから、そうした表象としては、この表象とは異なった或る持続的なものをみずから必要とするのであって、④この持続的なものとの連関においてあの表象の転変が、⑤したがって、あの表象がそのうちで転変する時間における私の現存在が規定されうるからである。

①は「私の現存在の規定根拠」すなわち「私の現存在」のあり方を規定するものは、「私の内において見いだされうる」。これはほとんど同語反復であって、「私の現存在」のあり方を規定するものは「私の内を探れば直接見いだされる」ということ。

このような漠然とした出だしですが、次の②に至って、カントの意図がわかってくる。「現存在」のあり方を規定するものは「表象（Vorstellung）」である、と言った瞬間に、「表象」とはラテン語の“repraesentatio”の訳ですから、何かを代理するものという意味が付着している。本物（外界）があって、その代わりのものだというわけです。

③は論理の飛躍であって、この表象（代理）には持続するものが見いだせないが、本物には「持続的なもの」が具わっている――この飛躍は次ので④で埋まります。

④表象は「転変」し、そのためには持続するものが必要であるが、それは表象の内にはなく、本物（外界）の内にある。さて、これがすべての証明の要であって、転変（変化）は何らかの持続するものがなければ不可能だということです。氷が水に、さらに湯気に変化するのは「H_2O」という持続するものがあるからであり、車がこの場所からあの場所に移動（変化）するのは、「車」という持続するものがあるからです。変化を通じて変化しないものがまったくないとき、変化は成立しない。

⑤をちょっと補いますと、そうした持続的なものが存在するからこそ、客観的時間が成立し、それが持続的なものを含まない、私の現存在をも測定するのです。

こうしたカントの証明方式の背景をさぐると、まず客観的世界の統一記述ということが前提されていて、それは究極的には、一つの客観的空間と客観的時間における客観的運動、さらには保存量に求められる。確かに、質量やエネルギーや運動量や力などの保存量があるからこそ、物理法則が成り立つのであり、もっと単純に考えて、保存される複数の物体があるからこそ、それらのあいだに物理法則が成立するわけです。

なかなか考えにくいのですが、世界が一律にガス状であって、かつ質量はじめいかなる保存量もないとすると、少なくとも古典物理学の法則は成立せず、カントのカテゴリーが世界に適用される余地はないでしょう。

ですから、「観念論論駁」の核心は、こういう外界を前提して、内的世界にも変化があるとすると、それは変化にとって必要不可欠な持続するものが属する外的世界の変化を反映（前提）しているからとなる。なぜなら、内的世界は表象（代理）である限り、必然的に本物（外界）を前提するからです。

これでオワリではありません。というのは、カントによれば、本物である外界もまた観念であるからです。カントは「観念論論駁」で経験的観念論を反駁して、実在論ではなく、「超越論的観念論」という新たな観念論を提唱している。すなわち、経験的観念論は、心のみ実在として外界を観念＝表象（あるいは無）とする立場ですが、超越論的観念論とは、心（内的経験）も外界もともに観念＝表象であり、かつ前者が前者を前提する、というなかなかわかりにくい観念論なのです。

すでに言いましたが、なぜカントが第二版でこの「観念論論駁」を付加したかというと、第一版の刊行とともに、カントの超越論的観念論が——不思議なことに——、心のみが実在し、外界は観念＝表象あるいは無にすぎない、という経験的観念論の一種だと誤解されたからです。

このあたりで、次の文章に進みましょう。

人はこの証明に反対しておそらくこう言うであろう、すなわち、私が直接的に意識するのは、なんといっても、私の内にあるもの、言いかえれば外的な諸物についての私の表象だけであり、したがって、はたして何がこの表象に対応するものが私の外にあるかないかは、依然として未決定であると。（七二—七三頁）

カントはここで「人は」と、相手（経験的観念論者）の立場を自分の言葉で言いかえているのですが、少々「ずるい」。というのも、「表象」という言葉を前面に出して、「確実なのは表象だけであり、その外の世界は確実ではない」と言い切っているからです。

すなわち、カントの反論のかなりの部分が「表象」という言葉の文法にあり、これは「本物＝実在の代理」という意味で使われるので、「表象」が「本物」を前提しないのは文法違反だと言っていることになります。

ここには、微妙な問題が潜んでいて、「観念論（Idealismus）」の「観念」は“idea”に由来するのですが、カントは“Idee”というドイツ語に「理念」という独特の意味を付与してしまったので、“idea”には「表象（Vorstellung）」というドイツ語をあてがった。しかし、この語は本来、「（私の）前に立てる」という意味であって、きわめて主観的な（私の内という）語感が高まってしまう。

カントは、こうして「観念」を「表象」と呼び変えたうえで、それが外との対応関係なしに、単にそれだけで存在するというのは文法違反である、と言っている。もちろん、カントは言葉遊びをしているわけではなく、事柄に則して議論しているつもりであり、先の例にそって言いかえれば、「私が見ていることは確かだが、見ているもの（対象）があるのは不確かだ」という主張に対して反論しているので、ぐるっと回って（現代日本人には）あたりまえのことを言っている感じがするので、かえってわかりにくいというわけです。

ここで、★（注）の最初、「本来の増補として、しかしそれも証明法に関するものにすぎないが」（七一頁）という箇所を想い起こすと、この「証明法」とは「表象」という文法を使った証明法だということがわかってきます。カントの手の内が次第に見えてきたのではないでしょうか？

なんとも中途半端なのですが、この議論はまだまだ続きますので、ここまでにしておきましょう。

2　物理的時間と保存量

さて、ここでの解説は★（注）の続き、七三頁の一行目からです。超越論的観念論、すなわち世界全体が観念＝表象であるという大前提のもとに、カントは「内的世界＝内的経験」と「外的世界＝外的経験」とを区別するのですが、しかも両者が同等だというのではなく、後者こそ——観念における——実在性の基本であって、前者は後者に対応する限り、実在性を獲得する、と言う。以上が、先に確認したことでした。その後も、議論の基本線は同じなのですが、微妙に論点が揺れ動きます。

しかしながら私は、時間における私の現存在を（したがって時間における私の現存在の規定可能性をも）内的経験をつうじて意識しており、だからこのことは、たんに私が私の表象を意識しているということ以上のことではあるが、それでも私の現存在の経験的意識ということと同じことであって、この経験的意識は、私の現存と結合していて私の外にある或るものとの連関をつうじてのみ規定されうるのである。（七三頁）

カントは、今度は「時間における私の現存在」をもち出す。この場合、「時間」とは客観的時間（物理学的時間）であることに注意しなければならない。その点を押さえておくと、言っていることはかなり単純な物理主義であることに気づきます。すなわち、物理主義にとって時間は測定できねばならない。そして、測定の基準は、諸物体の状態の変化ですから、世界に何も物体がない場合、いや物体はなくて構わないのですが、世界全体が液状あるいはガス状であって、そこにいかなる計測可能な保存量もない場合、時間はないことになる。

これが、カントの着目する第一点であり、第二点は、それにもかかわらず、こうして「外的世界」を基準に成立した時間は、あらゆる「内的世界におけるもの」、すなわちただの「体験流」――さしあたり、わかりやすくこう言っておきます――も測ることができるということです。

このことを、カントは「この経験的意識は、私の現存と結合していて私の外にある或るものとの連関をつうじてのみ規定されうる」と言っている。これが、「私の現存在の経験的意識」、すなわち「私が体験したことがいつ起こったかの意識」は、「私の外にある或るものとの連関をつうじてのみ規定〔決定〕されうる」という意味ですが、カント真意を汲み取るのは難しいでしょうね。

これがわかれば、次は同じことの繰り返しです。

> それゆえ時間における私の現存在のこの意識は、私の外なる或るものとの或る関係の意識といっしょに結合しており、したがって、外なるものを私の内的感官と離れがたく結びつけているのは、経験であって仮構ではなく、感官であって構想力ではない。（七三頁）

カントがここで論駁しているのは、内的経験の確実性・実在性はつゆ疑っていないけれど、外的経験を無とか、疑わしいとみなす「〔経験的〕観念論」です。これに対してカントは、外的経験は「経験であって仮構ではなく、感官であって構想力ではない」として、外的経験も内的経験と同じく――いや内的経験より直接的に――実在する、と主張している。

なぜなら、外的感官は、すでにそれ自体で、直観と私の外なる何か現実的なものとの連関であり、だから外的感官の実在性は、構想とはちがって、外的感官が、内的経験の可能性の条件として、この内的経験自身と離れがたく結合しているということにのみもとづいているが、このことがいまの場合生じているからである。（七三頁）

3　外的感官と実在する外的世界

時間のことはもう終わったのか、カントはここでまったく別の仕方で外的世界（外的経験）の実在性を証明しようとしている。それは「外的感官」、すなわち視覚、聴覚などの五官が実在する外的経験に直接開かれているという論点です。

「外的感官が、内的経験の可能性の条件として、この内的経験自身と離れがたく結合している」、すなわち外的感官は、内的経験を可能にする条件なのであって、外的感官（五官）こそが「私の経験した系列」である内的経験、およびそれをとらえる内的感官を可能にするのです。このことと、さきほどの成果である、外的経験は「持続的なもの」、すなわち保存量を有する、ということとを組み合わせると、外的感官は持続的なものを有する外的経験に直接開かれていることになる。

これは、何のことでしょうか？　ここで、話をクリアにするために、バークリィの外界（外的経験）はないという観念論と比較してみましょう。バークリィにとっては、知覚可能なものが存在ですから、物体（物質）は知覚される限りで存在する。とはいえ、私の眼前にある机Tが、私が眼を離しているときでも存在するようにみえるのは、私が知覚された机T_1、T_2、T_3……のあいだを繋いで一つの机

（T）を構想力によって構成しているからにすぎない。私の知覚から独立に「（この）机」という物体などないのです。

しかし、カントは机Tを「みる」とは、やはり知覚の束ではない物体T（持続的なもの）のそのつどのパースペクティヴからの見え姿をとらえることだとする。一つの長方形のTを、こちら側からみると、こちら側が大きく「みえ」、あちら側からみると、こちら側が小さく「みえる」。この場合、バークリィのように、一つの物体としての机Tはなくて、さまざまな見え姿だけがあり、私は、それらから構想力によって一つの机を構成するだけだ、というのはいかにも不自然な考えではないでしょうか？

この次ですが、意外な理論が展開されます。こういうところが、初心者にはいちばん難しいかもしれない。

> 私が、あらゆる私の判断や悟性の動きに伴う我存在すという表象のうちにある私の現存在の知的意識と、知的直観による私の現存在の規定とを同時に結合しうるとすれば、この規定には私の外なる或るものとの或る関係の意識は必然的に不必要となるはずである。（七三頁）

まず、「知的意識」と「知的直観」との違いをはっきりさせましょう。前者は「我存在す」の意識であり、「我存在すという表象のうちにある私の現存在」の意識としても同じこと。これに反して「知的直観」とは、この文脈では、実体（res cogitans）としての私を直接とらえる直観となりましょう。すなわち、デカルトのように、私は延長世界（外界）とは別に、直接みずからを実在的なものとしてとらえることができる、という考えです。
これを認めるなら、「私の外なる或るものとの或る関係の意識は必然的に不必要となるはず」であって、内的経験が外的経験に依存するという方向でカントが論証を進めたいときに、最も障害となる考えだと言っていいでしょう。

ところが、あの知的意識はなるほど先行しはするが、私の現存在がそこでのみ規定されうる内的直観は、感性的であり時間条件に結びつけられているのに、この規定は、それゆえ内的経験自身も、私の内にはなく、したがって私の外なる或るものの内にのみある何か持続的なものに依存しているのであって、私は私がこの持続的なものとの対立関係にあるとみなさざるをえない。

（七三―七四頁）

ここには、見落としがちですが、きわめて重要なことが書かれている。それは、「あの知的意識はなるほど先行しはするが」という箇所であり、一方で、「我存在す」である限りの「私」は外的経験に先立つけれど、他方で、内的経験としての「私」は外的経験に依存するという逆転した関係です。内的経験とは、過去の私が体験したことの認識（された）系列ですから、（自己）認識の対象であるわけですが、認識に至らない〈いま・ここ〉に「現存在の感じ」を伴って存在している限りの「私」は、世界（外的経験・内的経験）より「先行」しているのです。

そうだとすれば、外的感官の実在性は、経験一般の可能性のために、内的感官の実在性と必然的に結合している。言いかえれば、私が、私の感官と連関している私の外なる物があるということを意識するのは、私自身が時間において規定されつつ現存するということを意識するのと、まさに同じく確実である。（七四頁）

この後半部分、すなわち「私が、私の感官と連関している私の外なる物があるということを意識するのは〔外的経験の意識は〕、私自身が時間において規定されつつ現存するということを意識するのと〔内的経験の意識と〕、まさに同じく確実である」という箇所は、まさにカントの論証の骨子を語るものでしょう。

ところが、与えられたいかなる直観に、私の外なる客観が現実的に対応するかは、それゆえ、外的感官に属し、かつ、この外的感官に帰せられるべきであって、構想力に帰せられるべきではない客観が、いかなる直観に現実的に対応するかは、経験一般が（内的経験すらも）それによって構想力から区別される諸規則にしたがって、個々の場合について決定されなければならないが、そのさいには、外的経験は現実にあるという命題がつねにその根底にあるのである。（七四頁）

前半、あまり文章が明晰ではありませんが、いままでの繰り返しであって「構想力から区別される諸規則にしたがって」という点が鍵です。ニュートン初め物理学の法則は外的経験に属していて、内的経験にはいかなる法則もない。ただ、外的経験に属する諸法則によって外的経験と時間上の対応が付けられるだけだ、というわけです。

例えば、大脳も外的経験に属するわけであり、その諸法則に対応してさまざまな意識状態が確認できるのですが、両者の関係は因果関係ではなく、あくまでも前者に後者が対応するだけの関係です。

しかし、このモデルは多分カントの念頭にあったものではなく、カントの描いていた構図は次のものでしょう。すなわち、外的経験は一つとして、内的経験は人間の数だけあるのですが、その場合、任意の内的経験に焦点を絞り、それが現に当人が体験したことであって、夢や妄想ではないことの判定基準は一つの外的経験であるということ。さらに、これを物理主義が支えていて、外敵経験のみが客観的な自然法則〔自然因果性〕によって支配されていると、こういうことでしょう。

言うなれば、過去において、はじめてわれわれは外敵経験と内的経験とを区別するのであって、現在においては（反省以前の）知覚する世界も、夢も幻も、内的・外的経験という区別以前の原体験なのです。

> なお次のような注意を付け加えることができる。すなわち、現存在のうちにある何か持続的なものについての表象と、持続的な表象とは同一ではないという注意である。なぜなら、何か持続的なものについての表象は、あらゆる私たちの表象と同じく、また物質の表象とすら同じく、きわめて変化しやすいものであるが、それでも何か持続するものと連関するのであって、それゆえこの何か持続するものは、あらゆる私の表象からは区別された外的な物とならざるをえないからである。

この部分を課題にしましょう。だいたいの論証の仕方はわかったと思うのですが、「ここで」カントはなぜこう言うことを語るのか？　とくに初めの「何か持続的なものについての表象と、持続的な表象とは同一ではない」という表現によって、カントは何を注意したいのかを考えてみてください。

対話8

ここで、カントは「表象」という概念を「現存在」という概念と対立させていて、前者を「内的表象」、後者を「外的現存在」という意味に限定して使用している。そのうえで——「現存在のうちにある何か持続的なものについての表象」と「持続的な表象」という対等なものを提示しているのではなく——、いかにしたら「持続的な表象」のうちで、「現存在のうちにある何か持続的なものについての表象」を抉り出せるか、という形で問いを提起している。

すなわち、いかに「持続的な表象」が見出されようとも——例えば、一連の辻褄の合った夢は「持続的な表象」でしょう——、それだけでは「（科学的）認識の対象」にはならない。すなわち、われわれは「持続的な〔内的〕表象」のうち「持続的な知覚」と「持続的な夢」とを区別しなければならないが、それは、前者が「〔外的〕現存在のうちにある何か持続的なもの〔典型的には物体〕」と呼応しているけれど、前者は呼応していない、という一点に求められる。

すべてが論点先取であり——この「呼応」を前提している——、バークリィなら、なぜカントは「外的現存在と内的表象との呼応」を語れるのか、と問うでしょう。しかし、カントによれば、語れるのですね。なぜなら、「〔外的〕現存在のうちにある何か持続的なもの」は、経験的な意味で「外的」であるにすぎず、超越論的な意味では「内的」だからです。というわけで、狭義の「内的」と広義の「内的」、言いかえれば狭義の表象と広義の表象とを駆使して、カントの証明は成り立っているのです。

これが、まさに「超越論的観念論」なのですが、としても、バークリィはこの論法をけっして承認しないでしょうね。なぜなら、これは全面的に「超越論的統覚」に基づいているからであって、これを決して容認しないバークリィのみならず、デカルトも、ロックも、ヒュームも、すべてカントの「外界の存在証明」は眉唾物だと考えるでしょうね。

というわけで、読者は、そろそろカントの視点からのみならず、「敵」の視点からもカントのテキストを読む訓練をしてくれれば、さらに豊かな収穫があるように思います。

4 唯一の経験

そして、最後に至って、カントはこれまでの論証とはちょっと違った言い方をしている。

> そうした外的な物の現存は、私自身の現存在の規定のうちに必然的にいっしょに含まれており、だからこの規定とともに唯一の経験だけをなすのであって、このような経験は、それが（一部分は）同時に外的でもなかったなら、内的にすら生じはしないであろう。（七四―七五頁）

「私自身の現存在の規定」、すなわち内的経験は、「外的な物〔持続的なもの〕の現存」する外的経験と対応しているのですから、これを言いかえると、「そうした外的な物の現存は、私自身の現存在の規定〔内的経験〕のうちに必然的に一緒に含まれて」いることになります。

　このあとが新たな論法なのですが、「だから」以下の主語は「外的な物の現存」であって、それが「この〔私自身の現存在の〕規定とともに唯一の経験だけをなす」と言う。そして、その唯一の経験は、「それが（一部分は）同時に外的でもなかったなら、内的にすら生じはしないであろう」。すなわち、すみずみまでが内的経験であることはなく、「（一部分は）同時に外的で」あるということです。

　この読み方ですが、外的経験と内的経験とは、並行する二つの系列ではありません。外的経験は一つであり、それに人間の数だけの内的経験が並行しているわけではない。例えば、私は中学の修学旅行で金閣寺を訪れた。それは外的経験としては、一人の一五歳の少年が金閣寺を見たということであり、しかもその少年には夢や幻としてではなく、物理的金閣寺を見たという記憶や証拠が残っている。

　さて、この場合、このことに加えて何が内的経験に配分されるかと問うと、この「一五歳の少年」を主語にして語った同じ経験を、「私」という主語に変えて語り直すだけです。この意味で、経験は「唯一」であるとも言え、ただそのとき、そこにいた何百人かの同級生の内的経験は、それぞれ別の少年少女を、「私」に置き換えて語ることによって成立するだけです。そのとき、各「私」の区別はどう語るのか、と問うと、ここに超越論的観念論の枠を越える領域が開かれていることに気づく――この問題はすぐあとで、また触れます。

　各自は、ただ金閣寺という対象を「見る」だけではなく、それに伴う感情とか思考、さらに金閣寺を見たときに昔の何かを思い出すかもしれず、……全体の構造はたいそう複雑になりますが、そのすべては現に――各自の大脳を含む――外的経験に対応するものであることは確かです。

ちょっと話が大きくなりましたので、カントに戻ると、はじめから私の体験が、現存する外的物体（金閣寺）に的中しているということがなければ、「私」固有の体験も語れないのです。

いかにして？　ということは、ここではこれ以上説明されえないのは、時間における不動のものと転変するものとの同時存在が変化の概念をうみだすのであるが、いかにして私たちはそうした時間における不動のものを総じて思考するのかということが、それ以上説明されえないのと同様である。（七五頁）

カントはここで、内的経験が外的経験に「いかにして」対応するかは、これ以上説明できないが、それは、われわれが転変するものを貫く不動のものを「いかにして」思考できるのかが説明できないのと同様である、と言っていますが、両者は少し違うのではないか？　後者は外的経験の内部での話であって、大枠は実体のカテゴリーによって説明できるはずです――もちろん、なぜ外的物体＝持続的なものが実在しているのかは、説明できない。

しかし、前者すなわち「内的経験」は「各自の経験」であって、総じて超越論的観念論の内では語れない領域であり、カテゴリーも時間・空間も「唯一の経験」である外的経験を目指して設定されている。しかし、カントはみずからの超越論的観念論が、内的経験のみを実在するとする経験的観念論と誤解されたので、急遽第二版で反駁を試みたのですが、そのさいの武器――各「私」にとっての内的経験――はもともと超越論的観念論において主題化されえないものです。

このあたりの事情は大変込み入っているので、いまは割愛しましょう。ただ、思わぬ攻撃によって、もともとの主張より、さらに攻撃されない方向に陣地を移動してしまうということは哲学にはよくあることで、この第二版では、第一版においては経験的観念論と共通の部分もあったのですが、その差異性が強調されて明快になったものの、大切な枝葉まで容赦なく切り落として、単調な定型的な構図になったことは否めません。

さて、これで第二版の「序文」を終えます。

第四章　ア・プリオリの諸相

1　日常言語の意味からずれているカントの用語

ここではちょうど区切りがよく、「序文」を終えて「序論」に入ります。「序文（Vorrede）」とは、文字通りの「まえがき」であり、普通、著者の本書刊行に対する（熱い？）「思い」を書く。それに対して「序論（Einleitung）」は、ドイツ語の文字通りの意味では「導入」であって、「超越論的原理論」から始まる本論への導入であり、カントの場合は、そのほとんどが主要な概念の意味の確定に費やされています。それを日本語訳で読むのですから、ここにさまざまな限界があるのは当然であって、それはそのつど指摘していきます。

さて、七七頁を開くと、真ん中に線（――）が引いてあって、その上が「第一版」、その下が「第二版」とある。そして、上を辿っていくと、ときどき大きな空白にぶつかる。これは第一版のほうが短いので、だいたいの内容が第二版と一致するように配置したために生じた空白であって、こうしたやり方が適切なのかどうかに関しては意見が分かれるところでしょうね――私は反対です。

また、第一版の標題「I　超越論的哲学の理念」の前の〔　〕という括弧、は「凡例」（六頁）によると、第一版にだけあるという意味だそうです。なお、この「理念（Idee）」という訳はよくない。むしろ、全体的な見取り図というほどの意味ですから、「構想」とでも訳すべきでしょう。

経験は、疑いもなく、私たちの悟性が、感性的感覚の生《な》まの素材を加工することによって産みだす最初の産物である。経験は、まさにこのことによって、教えるところの多い最初のものであり、その進行につれて新しい教訓を測りしれないほどあたえるものであるから、将来生まれるあらゆる人々の連綿とつづく生活は、この経験という土地で集められうる新しい知識に、けっして事欠くことはないであろう。

（七七―七八頁）

第一版の「序論」はこの文章から始まっているのですが、不思議なことに、この文章はそれほど有名ではない。カント研究者に聞いても、すぐ答えられる人はまずいないのではないのでしょうか？というのは、第二版の「序論」の最初の文章はとても有名なものだからです。

しかし、あらためて読んでみると、この文章が有名ではない理由も、なんとなくわかる気がする。というのも、この「序論」でカントが「経験（Erfahrung）」という言葉から出発していることはきわめて重要なのですが、カントはロック以来の「経験論（empiricism）」そのままのような書き方をしているからです。しかし、注意しなければならない。ロックの「経験（experience）」は、ほぼ日常的な意味と重なるのですが、カントの経験はまったく違うのですから。

それは、とても限定されていて、客観的・普遍的でなければならない。さらに、自然科学が記述している、「可能な経験」の内になければならない。さらに、価値とか美とか目的とかを、いささかも含めてはならない。すなわち、それは限りなくニュートン物理学の描くような諸物体間の法則的連関に近い意味なのです。

よって「個人的経験」と言ってもいけないし、「特殊な経験」と言っても、「超自然的経験」と言っても、「不規則な経験」と言っても、「不確実な経験」と言っても、「予測不可能な経験」と言っても、「しみじみした経験」と言っても……だめなのです。

ちなみに、『カント事典』(弘文堂、一九九七年)を開いてみると、長く意味が説明してあって、どうしても日常的言語の「経験」とは重ならないことがわかってくる。その場合、哲学書の読み方としては、そのたびごとに事典を調べて、厳密な意味を確認してから読むという仕方もありますが、これは結構くたびれるので、まず、日常言語にそって読んでみて、それでは「おかしい」ところをチェックしていく。そして、他のところの用法と比べてみて、それから事典で確認する、という方法がいいでしょう。

さらにがっかりさせますと、哲学者——とくにカントはそうです——が、いつもある言葉を一定の意味で使うとは限らない。異なる著書によってどころか、同じ著書の中でも場所によって異なった意味を与えていることもある。ですから、あくまでもいろいろの箇所を綿密に読んで、そのつど確認していくという作業が必要になってきます。

次に「悟性(Verstand)」ですが、これは日常言語ではないから、右のようなことはない。ラテン語の"intellectus"や英語の"understanding"に相当し、日本語の日常言語では「知性」に当たります。

次に「感性的感覚」ですが——ああ、こうやっていくといつまでも終わらない!——、「感性」も「感覚」も日常言語とはずれています。「感性」は、現代日本語では、「感性の覚醒」のように使い、対象を概念や推理によってではなく、生き生きと全体を直観的にとらえる能力のことでしょうか? しかし、『純粋理性批判』においては、対象を概念や推理によってではなく——まではいいのですが——、対象の「時間的・空間的位置（のみ）をとらえる能力」なのです。

そして、「感覚（Empfindung）」とは、色や音を直接とらえることではなくて、まさにそれらの「生《な》まの素材」、すなわち――必ずしもこの説明はよくないのですが、わかりやすくするためにあえて言うと――電磁波や粗密派といった物質レベルの色や音のこと。なお「感性的感覚」とはカント自身、他のところでは使っていないと思いますが、あえて想像すれば、感性の「形式」が時間・空間であるのに対して、感性の「質料（素材）」が感覚だという対比で出てきたものでしょう。

さて、これらの概念を確認して、いよいよ「経験」という概念に入ります。「経験する（erfahren）」とは、普通は未熟な少年が見聞を広めて判断力も鍛えられ、立派な大人になるという感じですが、カントの場合はそうではなく、物理学（や天文学）における観察や実験、さらには推論によって世界に対する知識を増していくという感じになる。つまり「経験」とは、われわれが「感覚」という素材を「加工して産みだす最初の産物」なのですが、それは実験によって得られる最初の知識だということです。なぜ、「最初」なのか？　すぐあとでわかりますが、ここでは、統一的な体系としての学を打ち立てるうえで最初だから、とだけ言っておきます。

こうして、経験するとは未熟な少年が立派な大人になる過程としても読めてしまうのですが、カントが「最初」を繰り返し強調していることから、何かヘンだなあと思って、引っかかってくれればそれでいいでしょう。

それにもかかわらず経験は、私たちの悟性がそこに制限される唯一の分野ではとうていありえない。なるほど経験は、現に存在するものの何であるかを私たちに告げはするが、そのものが必然的に存在せざるをえず、そうであってはならないということを告げはしない。
（七八頁）

ここからが、カントが本来言いたいことです。カントはあらゆる知には経験が必要だと言いながら、「なるほど経験は、現に存在するものの何であるかを私たちに告げはするが、そのものが必然的に存在せざるをえず、そうであってはならないということを告げはしない」と言いたい。つまり、経験からは必然的な知が与えられないと確信しているのであり、この必然的な知こそ知の体系には必要だと主張しているのです。

ここで初めて、先の引用箇所でカントが何度も、経験は「最初のもの」であると強調していることの背後にあるものが見えてくる。つまり、それが必然性を含まないから、知の体系にとって「最初のもの」にすぎないということです。

さらにもう一つ。なぜ、それにもかかわらず、カントが「経験」から論述を始めたのか？　それは、デカルト以前のいわゆる形而上学は経験に基づかずに思考（概念）だけによって壮大な知の体系を築いてきたからであって、先の箇所は、こうした経験に基づかない知は総じて門前払いにする、というカントの宣言でもあるのです。

2　ア・プリオリな認識

だいたいカントの進む方向が見えてきたと思います。その方向をしっかりとらえていれば、以下の文章はそんなに難しくない。

まさにこのゆえに経験はまた私たちにいかなる真の普遍性をも与えず、だから、この種の認識をはげしく求める理性は、経験によって満足させられるよりも、むしろ刺激される。ところで、同時に内的必然性という性格をもつそうした普遍的認識は、経験に依存せずに、それ自身だけで明瞭で確実でなければならない。だから、そうした認識はア・プリオリな認識と名づけられる。

（七八頁）

まず、カントが「真の普遍性」と言って、「普遍性」の前に「真の」をつけているのは、広い意味での普遍性は経験から得られるが、ここで目指すのはそうした普遍ではないということでしょう。例えば、いままで見たカラスはみな黒かったので、「カラスは黒い」という普遍的判断を打ち立てたとしても、これは帰納法から導いた結論であって、明日にも白いカラスがあらわれるかもしれません。

しかし、「三角形の内角の和が一八〇度である」という判断は、明日になっても未来永劫変わらない気がする。まだ、私たちは両者の区別の入口に立っているだけですが、それにしても普遍性にはこうした二種類があるらしい、ということについてはいいですね。

そして、ここでやっと「理性（Vernunft）」という言葉が出てきます。これは、ここにあるように、しばしば「経験」と対比的に使われ、ひとまず「経験」では与えられない事柄をとらえる私たちの心的能力とみなしてください。例えば、「必然性」は「経験」が与えることができないにもかかわらず、私たちは必然的なものがあることを知っていますね。この場合、認識の源泉が「経験」だけですと、必然性は錯覚になってしまうわけです——ロックやヒュームはそう考えました。

ここで、カントは「この種の認識〔真の普遍的認識〕をはげしく求める理性」と描写していて、はじめから理性に、「経験」が与えることができないものを、「激しく求める」という性格を付与しています。また、「真の普遍性」を「内的必然性」と言いかえていますが、この用語はカントにはあまり出てこないものですが、少し考察してみましょう。

先の例をもち出すと、「三角形の内角の和は一八〇度である」という普遍性＝必然性――両概念はもともと違うのですが、ここでカントはほとんど同義に使っている――は、「カラスは黒い」というのが観察や帰納法による「外的必然性」だとすると、「内的必然性」と言いかえてもいい。「そうした普遍的認識は、経験に依存せずに、それ自身だけで明瞭で確実でなければならない」から「内的」なのです。

さて、少しここでまた注意すると、「認識」も現代日本語の日常的認識と相当ずれています。現代日本語では、政治家が「私はそう認識している」というとき、客観的事実である保証はないが、少なくとも私は――良心に誓って？――そう思っている、というくらいの意味でしょう。責任を逃れるときの用法です。また、「コンピュータが認識していない」という使い方もあって、これは反応しないというほどの意味。

しかし、カントの場合、「認識」とは客観的認識でなければならないのです。しかも自覚（自己意識）していなければならない。ですから、右の二例はカントの用法では間違いとなる。こうして、「個人的認識」も「曖昧な認識」も「コンピュータの認識」もだめとなり、（厳密な）科学的認識以外のものは誤用となってしまうのです。

3　ア・プリオリとア・ポステリオリ

第一版の「序論」、七八頁の最後の行からです。

それというのも、これに反して、もっぱら経験から借り受けてきているものは、一般に言いあらわされているとおり、ア・ポステリオリにのみ、あるいは経験的にのみ認識されるからである。（七八―七九頁）

「序文」でもすでに出てきていますが、前回の最後に「ア・プリオリな認識」というタームが出てきます。これは、"a priori" というラテン語であって、「より先なるものから」という漠然とした意味にすぎない。それにカントが、「普遍的な」とか「必然的な」という意味を盛り込んだのであり、経験に依存しない論理学や幾何学、あるいは因果律などのような認識がモデルです。

これに対して、「より後なるものから」という漠然とした意味である "a posteriori" というラテン語も、カントは「もっぱら経験だけから得られる」という意味に限定し、「ア・ポステリオリな認識」を「経験的認識」とも呼び変えたのです。

さて、次に長い文章がきます。

ところで、きわめて注目すべきことであるが、私たちの経験のうちへすら、おのれのア・プリオリな起源をもっているにちがいなく、またおそらく、私たちの感官の諸表象を脈絡づけるためにだけ役立つ認識が混入しているということは、明らかである。なぜなら、たとえ私たちの経験から、感官に所属するすべてのものを除去するとしても、それにもかかわらず、或る種の根源的な諸概念と、それらの諸概念から生じた諸判断とが残存し、これらのものは、全面的にア・プリオリに、経験に依存せずに成立するにちがいないからである。

（七九―八〇頁）

まず注意しておくべきことは、「ア・プリオリな認識」と「ア・ポステリオリな認識」とは、概念としては対立しますが、しばしば後者は前者を含むということです。論理学のA＝Aは前者だけですが、ニュートン物理学は両方から成っています。万有引力やニュートンの運動法則がどんなに普遍的であろうとも、観察や実験によって、すなわち経験に基づいて発見されたことは否めないでしょう。しかし、万有引力を成り立たせている因果律それ自体は、経験に拠らずア・プリオリだ、とカントは考えるのです。このことが「私たちの経験のうちへすら、おのれのア・プリオリな起源をもっているにちがいなく、またおそらく、私たちの感官の諸表象を脈絡づけるためにだけ役立つ認識が混入している」という文章の意味であり、こうした「或る種の根源的な諸概念と、それらの諸概念から生じた諸判断とが〔経験に〕残存」するというわけです。

さしあたり、「因果律」に沿って考えてみましょう。ニュートンの運動方程式は、今後新たな実験結果が出てくるかもしれないので、未来永劫成り立つかどうかはわからない。しかし、カントによれば、たとえニュートンの運動方程式がこれから多少――あるいは大幅に――変化したとしても、自然現象E_1が時間的に先立つ何らかの原因U_1－U_nによらないで成立すること――無原因で成立すること――はありえないのです。

これは、ヒューム批判であって、ヒュームならそれもありえる。今後の世界のことはまったくわからず、われわれはただ習慣によって「これまで」の世界を未来に延ばしているだけなのですから。

したがって、カントの因果律の縛りはとてもゆるくて、――カントがそう信じていたかどうかは微妙ですが――ニュートンの運動法則は明日からすっかり変わっても、「その変化の原因」がしっかり突き止められればそれでいい……と書きましたが、じつはここら辺りから、カント解釈に入り、さまざまな――もっときつい縛りをかける――見解がありますので、この辺りでやめておきましょう。

なお、「感官」とは"Sinn"すなわち英語の"sense"であり、五感に呼応した眼や耳や鼻のような器官のこと。「感官の諸表象」とは眼を経て入ってくるバラの花の形や色のことです。「たとえ私たちの経験から、感官に所属するすべてのものを除去するとしても」、すなわち知覚の対象とともに具体的な知覚の過程における因果関係を除去しても、因果律自体は経験から――すなわち感官から――独立に成立しているだろう、というのがカントの見解です。

しかし、カントはア・プリオリとア・ポステリオリとの対立を導入しながら、じつのところ、その具体例（因果律）をなかなか言ってくれない。次の箇所でも、感官に由来しないア・プリオリなものを徐々に仄めかしているだけです。

というのは、そうした概念や判断によって、人は、感官にあらわれる諸対象について、たんなる経験が教えるであろうことより以上のことを語ることができ、少なくとも語ることができると信ずるからであり、またそのときの主張も、たんに経験的な認識が提供することのできないような、そのような真の普遍性と厳密な必然性とを含むからである。

（八〇頁）

あらためて考えてみると、カントのこの書き方には疑問符を付けざるをえないでしょう。これからカントの進むべき方向を知っていれば、どうにか読めるのですが、初めての読者は、これによってカントが何を意味したいのかがわかるでしょうか？

カントは、この段階で、すべてが最終的には感官（経験）に由来するというロックやヒュームに代表される「経験論」を、はっきり敵と見据えて戦線布告をしているのですが、現代の読者はこういうウルトラ経験論にそれほどのシンパシーをもっていないので、カントの意気込みが伝わってこないのではないか、と思います。

何度も言いますが――敵がよく見えないこと、よって、敵に対する著者の意気込みが見えないことによって、字面はわかっても、全体に靄がかかっているようで、ポンと膝を打つようにはわからないのです。このあと一〇頁のブランクがあって、次は九〇頁に進むのですが、やはり読みにくく、こういう組み方はよくないですね。

4 「批判」という危険な探究

カントが大変な感動をもって語ることを理解するには、想像力を駆使して、その視点に立ち、それを追体験しようとすることが必要です。

〔しかし、〕はるかにそれ以上に言うべきことは、或る種の認識は、すべての可能的経験の分野をすら捨て去って、いかなる対応する対象も経験のうちではどこにも与えられえない概念によって、

私たちの判断の範囲を経験のあらゆる限界を越えて拡張するように見えるということ、このことである。（九〇頁）

カントが感嘆しているのは、「すべての可能的経験の分野をすら捨て去る」、「ある種の認識――具体的には、神・魂・自由ですが）」があるように「見える」ということなのです。

そして、――カントが考える――真の認識とこうした見せかけの認識とを区別する視点を獲得することこそ最重要課題であって、そのためには、それ自身は経験を超えながら、かつ経験を成り立たせているもの――後に言われる「経験の可能性の制約」――が必要になる。こうした視点の獲得こそが、この「序論」の最後近くに出てくる、「ア・プリオリな総合判断はいかにして可能か？」という『純粋理性批判』を牽引する問いに収斂していくのです。

次の箇所も、やはりカントの意気込みの大きさに圧倒されますが、現代日本人に、それを生け捕りにできるかは、やはりはなはだ疑問ですね。

そして、まさしくこの種の認識のうちに、すなわち、感性界を越え出てゆき、経験が導くことも正すことも全然できない認識のうちに、私たちの理性の諸探究がひそんでいるのであって、私たちはそうした諸探究を、その重要性からみて、悟性が現象の分野において学びうるすべてのものにもまして、はるかに卓越しているとみなし、だからそれらの諸探究の究極意図をはるかに崇高であるとみなすが、そのさい私たちは、誤る危険をおかしてすら、そのように重要な諸探究を、疑わしいということをなんらかの理由にして、あるいは軽視や無頓着から放棄するよりも、むし

ろ一切を賭そうとするのである。（九〇―九一頁）

しかも「まさしくこの種の認識」、すなわち「見せかけの認識」のうちにこそ、「〔重要な〕探究がひそんでいる」のであって、その「探究」とは「批判」にほかならない、というわけです。そして、その後が興味深い。「そのさい私たちは、語る危険をおかしてすら」その探究に挑むのであり、「疑わしいということをなんらかの理由にして、あるいは軽視や無頓着か放棄するよりも、むしろ一切を賭そうとする」のですから。

こうした語調から、カントは、地球が丸いことを実証しようとして、世界の果てで奈落に落ちる危険を冒してでも、インドに到達することに「一切を賭そう」としたコロンブスのような心境であったことがわかる。『純粋理性批判』は、その厳密さや難解さの外観に隠されていますが、じつは「危険をおかして」語っている書であり、ニーチェの言葉を借りれば「ダイナマイト」を抱えているような書、喩えがよくないかもしれませんが、身ひとつで敵の軍艦に体当たりする特攻隊のような書なのです。

5 「形而上学」という建物に対する「批判」という基礎研究

ここで空欄を跨ぎ越して、九二頁に進みます。

ところで、経験という地盤を捨て去るやいなや、人がその由来を知らずに所有している諸認識でもって、またその起源がわかっていない諸原則を信頼して、すぐさま一つの建物を、その基礎を慎重な研究によってあらかじめ確かにしておくことなしに建てるのではなく、それゆえ、いったいいかにして悟性はあらゆるこうしたア・プリオリな諸認識へと達しうるのか、またいかなる範囲、妥当性、および価値をそれらのア・プリオリな諸認識はもちうるのかという問題が、いち早く提出されていることが、たしかに自然的であると思われる。

（九二―九三頁）

カントは、学問の体系を家の例にたとえることが多く、その典型例は「II　超越論的方法論」の「第三篇　純粋理性の建築術」（『純粋理性批判』下、原佑訳、一五四頁以下）です。この場合、一つの建物が「形而上学」であり、「その基礎を慎重な研究によってあらかじめ確かにしておく」ことが「批判」であることはすぐにわかるでしょう。

さらに、「いったいいかにして悟性はあらゆるこうしたア・プリオリな諸認識へと達しうるのか、またいかなる範囲、妥当性、および価値をそれらのア・プリオリな諸認識はもちうるのかという問題」は、カントが批判で行っていることそのものです。

また、このことから、初めの「経験という地盤を捨て去るやいなや、人がその由来を知らずに所有している諸認識でもって、またその起源がわかっていない諸原則を信頼して」家を建ててしまうのが、批判による基礎固めを怠って、いきなり「形而上学」を建てたつもりになることであるのがわかる。

言いかえれば、――架空のではなく――実在的な家を建てられる素材は、経験の「うち」になければならず、経験を超えたところから素材を調達しても無駄であるということ。よって、工事現場にも ち込まれた素材が、実際に家を建てられる素材であるかどうかの判別が必要なのであり、それが「批判」なのです。

この辺は、わりとすっきりわかるのですが、最後の「たしかに自然的（natürlich）であると思われる」から、読者はカント特有の言葉への異様なこだわりにつき合わされ、引き回される。つまり、これに続く文章を解読するのはかなり難しいのではないかと思われます。

> 事実また、〔この言葉を〕正当かつ当然おこなわれるべきはずのものと解すれば、これ以上自然的なことは何ひとつとしてない。しかし、この言葉を通例おこなわれているものと解すれば、これまた、こうした研究が長い〔あいだ〕なおざりにされざるをえなかったということ以上に、自然的で明白なことは何ひとつとしてない。（九三頁）

どうもカントは“natürlich”という言葉の二重の意味、すなわち①理性的に「当然だ」という意味と、②事実的に「ごく自然だ」という意味、を利用して議論を進めているということまではわかる。

これに関して、まず思いつくのは「（いかなる場合でも）嘘をつかない」という自己自身に対する完全義務です。これは、一方で、①理性的には、理性的存在者としての人間がこの義務に従うのは「当然（natürlich）」なのですが、他方、②感性的・理性的存在者としての人間が、この義務を事実として守らないのも「自然（natürlich）」なのです。

よって、「形而上学」の家を建てる前に「批判」という基礎固めをすることは、一方で、理性的には「当然」なのですが、他方、形而上学の長い歴史において、事実上カントまで、「こうした研究が長い〔あいだ〕なおざりにされざるをえなかったということ」は「自然」だったのです。

さて、ここまではどうにか読めましたが、後者の「自然」の意味がまだよくわからない。「嘘」の場合は、人間という肉体をもった感性的存在者は、自分自身や自分が大切にしている者の命や幸福が脅かされると、「嘘をつくべきではない」と知っていながら、「ごく自然に嘘をつく」ということはわかります。同じように、なぜ形而上学の歴史において「批判」が「当然」あるべきであるのに、カントに至るまで事実、「なおざりにされていたのか」の説明がぜひ欲しいところでしょう。

しかし、これがなかなかわかりにくく、この「序論」の最後までいってようやくぼんやりとわかるような代物なのです。それは数学と関係がある。数学におけるア・プリオリな認識は、すでにピュタゴラスやユークリッドやプラトンなどによって、二〇〇〇年前から洞察されていましたから。

このことを加味すると、問いは新たに次のようになる。数学において二〇〇〇年も前から洞察されていたア・プリオリな認識が、なぜ、それを超えて普遍的に確立されなかったのか、と。この新たな問いの形が、カントの「批判」の見過ごしがちな要《かなめ》を指し示しています。先に述べたように、カントは「批判」の試みを「ア・プリオリな総合判断はいかにして可能か？」という一つの問いに凝縮させるのですが、この場合、数学は脇に退き、物理学が前面に出てくる。言いかえれば、カントにとって、この問いの中核をなすのは――純粋直観としての空間のみならず、質料を含んだ――「因果律」であり、ニュートンのような統一的自然法則なのです。

とすると、カントはおのずからこの問いに答えている――はっきり書いてはくれないのですが。すなわち、「批判」がかくも「長いあいだ、なおざりにされていた」のは、言い切ってしまえば、物理学におけるニュートンの出現が幾何学におけるユークリッドの出現より二〇〇〇年、遅れたからです。こうしたことは、どこにも書いてあるわけではないのですが、全体の展望をよくするために、あえて語ってみました。

6　解説の(一部)方針転換

はじめに、お断りを。その後いろいろ考えた末、まず第一版の「序論」を読み、その後、第二版の「序論」を読むという現在のやり方を一部変更しようと思います。というのも、第二版の「序論」は第一版の「序論」を、丁寧に語り直したという感じであって、第一版で扱っている同じテーマを、より厳密に語っている部分と、第一版そのままの部分とから成っているからです。

第一版の大幅な空白はそれを物語っていて、カントは改訂第二版を書くとき。意図的にこうした方法を採用したのでしょう。しかし、次第にこのやり方では、時間がかかりすぎると考えてか(第二版「序論」の最後を参照)、次の「感性論」では、いくつか項目を追加しているだけですし、逆に「演繹論」はすっかり書き変えている。以下、「図式論」はまったくそのまま、「原則論」はほぼそのままですが、「誤謬推理」はすっかり書き直している。そして、「二律背反」以下はほぼそのままです。

さて、「序論」に戻ると、方針転換の理由は、同じ頁の位置を占める「上(第一版)」と「下(第二版)」とは同じテーマを扱っているので、テーマごとに「上」と「下」を一緒に解説したほうが能率的ではないか、と思い直した次第です。前の、すなわち「上」の間違いも「下」にはより詳細に書いているので、「下」を参照すれば間違わなかったはず。

とはいえ、そのつど「上」と「下」を交互に見るのも煩瑣になるので、具体的には、「分析的判断と綜合的判断との区別について」(九八頁)までは「上」を検討し、そこであらためて第二版「序論」冒頭の「I　純粋認識と経験的認識と区別について」(七七頁)に戻って、「下」を検討するという具合に、その後も大体「下」のローマ数字の項目にそって進んでいこうと思います。そして、「上」と

「下」でまったく同じ文章もありますので、その場合は、もちろんその解説を「下」で繰り返すことはやめます。

7　ア・プリオリな認識に関する、二重に「自然な」こと

としても、まずは「上（第一版）」の続きです。ここでは、「上」の「序論」の九三頁六行目からです。

しかし、この言葉を通例おこなわれているものと解すれば、これまた、こうした研究が長い〔あいだ〕なおざりにされざるをえなかったということ以上に、自然的で明白なことは何ひとつとしてない。なぜなら、こうしたア・プリオリな諸認識の一部、すなわち数学的認識は、昔から信頼をかちえており、だからこのことによって他の諸認識に対しても、たとえこれらの諸認識がその本性をまったく異にするものであるかもしれないにせよ、好都合な期待がかけられているからである。（九三頁）

ここは、前に続いてカントが「この言葉」、すなわち「自然（Narur, natürlich）」の二つの意味にこだわっている箇所です。先に、「どうもカントは“natürlich”という言葉の二重の意味、すなわち、①理性的に「当然だ」という意味と、②事実的に「ごく自然だ」という意味、を利用して議論を進めているということまではわかる、と書きましたが、このうち前には①の意味を説明し、ここでは②の意味を説明している、と言いたいところですが、どうもそれほどすっきりはしていないようです。

というのも、「この言葉」に関する二つの意味にカントがこだわる理由は、形而上学を確立するには、

われわれが関心をもつ神・魂・自由という経験を超える対象を——消去するのではなく——、いかに扱うのかが必須不可欠なわけですが、それと経験のうちなる認識との限界設定をしなければならないからです。

しかし、後者の経験を成り立たせている認識のうちにも、経験的（ア・ポステリオリな）認識ではないもの、ある意味で経験を超える（ア・プリオリな）認識が認められる。すなわち、これら二種の「経験を超えるもの」の違いを明らかにして、それぞれを明確に位置づけることこそ「批判」の要《かなめ》をなす仕事なのです。

こういう筋道によって、カントは次にア・プリオリな認識の話に移っていくのですが、前にも強調したように、ここからは議論を大幅に補充しなければ、筋道が見えなくなるように思われます。

すなわち、ここまでは、学問の基礎づけとしての「批判」は、①「当然（natürlich）」成立すべきであるのに、②自分（カント）まで手がつけられなかったことは「自然である（natürlich）」とカントは言いたい。その後であるここからは、「数学（幾何学）」におけるア・プリオリな認識にテーマが移っていく。しかし、この連関がうまく繋がらないようにみえるのです。

というのも、カントは上の引用箇所の後半で、「なぜなら」という言葉を置いて、その次に「こうしたア・プリオリな諸認識の一部、すなわち数学的認識は、昔から信頼をかちえており」と言っているからです。

幾何学においては二〇〇〇年以上も前から、ア・プリオリな認識が認められていた、というわけで、このことは、①（「当然である」）の証拠のように思われるのですが、それでは話が通じない。そこで、その後を読むと、「だからこのことによって他の諸認識に対しても、たとえこれらの諸認識がその本性をまったく異にするものであるかもしれないにせよ、好都合な期待がかけられているからである」と言っている。

わかりにくいでしょうが、この部分こそ、②（「自然である」）ということの趣旨なのです。すなわち、前にも言いましたが、数学以外の「他の諸認識に対しても」ア・プリオリな認識に関する「期待がかけられている」が、それはじつに——ニュートンまで——二〇〇〇年を要した、ということでしょう。

そして、そもそも本来の問題は形而上学の基礎づけとしての「批判」なのですから、それはやっと自分（カント）が手をつけたというわけで、「期待がかけられている」と現在形で書かれているわけなのでしょう。

すなわち、右の引用箇所の論旨をまとめてみると、二〇〇〇年前に人間は、幾何学においてア・プリオリな認識を「①当然のこととして」認めたのに、なぜその後、いまに至るまで「批判」が「②自然に」遅れてしまったのか、ということ。

その後、カントは幾何学におけるア・プリオリな認識には、固有の特徴があって、それが一般化をもたらさなかったのだ、という方向に話をずんずん進めるのですが、こうした連関をしっかり見ないと、カントの意図を見失ってしまうでしょうね。

8　数学（幾何学）と仮構

そのうえ、人が経験の圏域を越え出ているなら、経験によって〔抗弁〕されないということは確実である。おのれの認識を拡大するという魅力はきわめて大きいので、明瞭な矛盾に突きあたりさえしなければ、人はその進行をつづけてゆくことができる。しかしこの矛盾も、人が、おのれのいろいろの仮構に用心深くあれば、そのためにそれらが少しでも仮構でなくなることはないが、避けられうるものである。

（九三―九四頁）

この文章も、先の「数学的認識は、昔から信頼をかちえており」ということとどう関係があるのか、初心者には五里霧中でしょう。ですから、ふたたび補いますと、「数学的認識は、昔から信頼をかちえて」いるが、それ以外は「おのれの認識を拡大するという魅力はきわめて大きいので」、往々にして「明瞭な矛盾に突きあたりさえしなければ、人はその進行をつづけてゆくことができる」と思われてきた、ということ。「矛盾」とは、不都合なことくらいの意味であり、「できる」とは厳密にはできないのだが、「できる気がする」というくらいの意味です。

そのあとの「人が、おのれのいろいろの仮構に用心深くあれば、そのためにそれらが少しでも仮構でなくなることはないが、避けられうる」ですが、これこそカントをよく知っている人には明晰にわかるのですが、そうでない人にはさっぱりわからない文章の典型でしょう。

「仮構（Erdichtung）」とは、本物ではなく、にせの認識であり――カントの用法では「仮象（Schein）」のほうが普通ですが――、神や不滅の魂など、理性が欲しいあまりに、認識できると思い込んでしまう対象です。それは「用心深くあれば……」避けられるのですが、「そのためにそれが少しでも仮構でなくなることはない」という箇所も、しっかり読まねばならない。

「批判」によって、実体としての魂が「仮構」であることが、完全に理論（理性）的に把握できたとしても、依然としてそれが「ある」感じがするということですが、このあたりの微妙な人間心理をカントは正確にとらえています。

そうして、この次にまた数学（幾何学）の話がきます。

> 数学は、どこまで私たちが経験に依存せずにア・プリオリな認識において成功しうるかという、一つの輝かしい実例を私たちにあたえている。ところで、たしかに数学は、対象と認識とが直観において描出されるかぎりにおいてのみ、そうした対象と認識とにたずさわる。しかしこの事情は容易に見落とされる、というのは、前述の直観自身がア・プリオリに与えられることができ、したがってたんなる純粋概念からほとんど区別されないからである。（九四―九五頁）

さて、ここを課題にしましょう。字面をたどるだけでなく、これまでの論理の展開を踏まえて、カントの意図も読み取ってください。

そして、また数学以外の「仮構」の事例に戻る。このあたりは、仮構と数学（幾何学）とのあいだをジグザグと進むので、読解は大変です。プラトンのイデア論を「仮構」の典型例としてお話調に進むところは比較的わかりやすいので、長めに引用しておきましょう。

> 理性の力を示すそうした数学上の証明によって〔鼓舞される〕ので、認識を拡張しようとする衝動はいかなる限界をも認めない。軽快な鳩は、自由に空気中を飛びまわって、空気の抵抗を感ずるので、真空のなかではもっとずっとうまく飛べると考えるかもしれない。同様にプラトンは、

感性界は悟性にきわめて〔さまざまな障害をもうける〕ゆえに、感性界を捨て去って、感性界の彼岸へと、純粋悟性という真空のうちへと、あえて理念《イデア》の翼をはばたこうとした。プラトンは、おのれの努力によってはいかなる道も開かれないということに気づかなかった。なぜなら、彼は、悟性を働かせるために、彼がそれに頼り、また彼がそれを手がかりにおのれの諸力をふるいうるところの、いわば支柱として、いかなる抵抗物をももっていなかったからである。

（九五―九六頁）

説明の要はないでしょう。イデア界は、カントによれば「仮構」なのであって、軽快な鳩は、自由に空気中を飛びまわって、空気の抵抗を感ずるので、「真空のなかではもっとずっとうまく飛べると考えるかもしれない」のですが、じつは空気がないから飛べないのです。

対話9

数学は、どこまで私たちが経験に依存せずにア・プリオリな認識において成功しうるかという、一つの輝かしい実例を私たちにあたえている。ところで、たしかに数学は、対象と認識とが直観において描出されるかぎりにおいてのみ、そうした対象と認識とにたずさわる。しかしこの事情は容易に見落とされる、というのは、前述の直観自身がア・プリオリに与えられることができ、したがってたんなる純粋概念からほとんど区別されないからである。

（九四―九五頁）

数学史的な事実はともかく、以上の引用箇所を素直に読むと、「たしかに数学は、対象と認識とが直観において描出されるかぎりにおいてのみ、そうした対象と認識とにたずさわる。しかしこの事情は容易に見落とされる」とあって、「しかし」の前まではカントが評価する数学（幾何学）のあり方であり、これはユークリッドに近いものでしょう。そして、「しかし」からあとは、引用箇所の次に長々とプラトンのイデア論を嘲笑的に紹介していますが、その走りと言えるものでしょう。

ということは、カントは、当時の数学がプラトンの方向に流れる傾向はあるものの、数学（幾何学）が原理的に神話の世界に飛び立っていったわけではない、とみていると考えていい。「数学は、どこまで私たちが経験に依存せずにア・プリオリな認識において成功しうるかという、一つの輝かしい実例を私たちにあたえている」という文章は、まさにそのことを語っている。

しかし、ポイントは、二〇〇〇年前に幾何学においてすでに、「ア・プリオリな認識」が発見されてはいるけれど、その意味は、「経験に依存せずに」というところに留まっていて、ア・プリオリな形式――としてのカテゴリーや時間・空間――という意味、さらにはア・プリオリな綜合的判断という意味にまでは彫琢されていない、というところにあります。

しかもカントが、本書において最大の目標にしているア・プリオリな綜合的判断は、純粋直観のみならず、質料（物質）を含んだ因果律なのですから、ユークリッドにおいて「経験に依存しない」という意味におけるア・プリオリな認識が発見されていたとしても、それだけでは、カントの目標に到達するにはまだ千里の距離があるのです。

第五章　形而上学の基礎づけ

1　概念の分析だけでは、「批判」は成立しない

以上で、どうにか言いたいことが固まったとみなしたのか、カントはここで、形而上学の基礎づけには「批判」がぜひとも重要であるという本題に突入します。

しかし、おのれの建物を能うかぎり早く仕上げてしまい、そのあとではじめて、はたしてその土台がしっかり置かれているかどうかを調べてみるのが、思弁における人間的理性の普通の運命である。だがそうなると、その土台が強固であると私たちがおのれを慰め、あるいは、そのような後からの由々しい吟味を退けるために、ありとあらゆる言いつくろいが探しだされる。（九六頁）

またもや建築の喩えなのですが、「おのれの建物を能うかぎり早く仕上げてしまい、そのあとではじめて、はたしてその土台がしっかり置かれているかどうかを調べてみる」という馬鹿げたことが現実の建築においてあるはずはないのに、カントはなぜこんなことを言うのか？　しかし、これは、これまでの形而上学の性格をなかなかうまく説明している。

ここを正確に理解するには、カントが語っていないことをいろいろ補わねばなりません。つまり壮

大な建築物が完成した後に土台の不具合が発見されたとしても、その建物を崩して初めから全部やり直すわけにはいかない。

それでは、どうするのか？　いつ崩壊するかわからない不良品の建築物をそのままにして、「その土台が強固であると私たちがおのれを慰め、あるいは、そのような後からの由々しい吟味を退けるために、ありとあらゆる言いつくろいが探しだされる」のです。すなわち、「建物は崩れない」というい加減な理屈をあとから探し出してごまかす、ということですが、――細部の場合は――なんとなくありそうな感じがするではありませんか。

しかし、建築中私たちをあらゆる懸念や疑念からそらし、一見その土台が十分であるかのようにうれしがらせるのは、次のことである。それは、私たちの理性の仕事の大部分、おそらくはその最大部分は、私たちがすでに対象についてもっている概念の分析にあるということにほかならない。（九六―九七頁）

ここで、カントの本心が語られます。「批判」というしっかりした土台の上に建てられたのではない、「神の現存在」や「不滅の魂」という部分からなる壮大な形而上学という建築物は、その土台をまったく吟味せずに「おのれを慰める」ために、「私たちがすでに〔神や魂という〕対象についてもっている概念の分析」に終始して、そのことによって、建築物は堅固であるという気休めをうるのです。

概念の分析というこの仕事は、私たちに一群の認識をあたえるが、それらの認識は、たとえ、私たちの概念において（まだ混乱した仕方ででではあるが）すでに思考されているものの説明や解明以上の何ものでもないにせよ、それでも少なくとも形式からみれば新しい洞察と等しいものと評価され、それでいて、実質ないしは内容からみれば、私たちがもっている概念を拡張するのではなく、分析するにすぎないのである。（九七頁）

ここも、カントをある程度知らないとわからないでしょう。このあたりは、次の「分析的判断と綜合的判断」の走りなのですが、概念をいくら分析しても、そこからは単なる「分析的判断」――いわば言い換えただけのもの――しか出てこないのです。例えば、「魂＝主観（Subjekt）」という概念を分析すると、あたかも「単一」とか「実体」とか「自己同一」という魂の特質が導き出されるかのようですが、それはただ「魂＝主観」という概念を分析して出てきたものであって、魂に関する認識を全然拡張しないのです。

ところで、この手続きは、確実で有用な進展をみる或る現実的なア・プリオリな認識を与えるから、理性は、みずから気づかずに、このことに欺かれて、まったく別種の主張をこっそり手に入れて、理性は与えられた概念にまったく無縁の概念を〔ア・プリオリに〕付加すると主張するが、人は，どうして理性がそうするにいたるのかを知らず、だから〔この〕問いは思い浮かべられることすらもない。だから私はまず最初にこれら二種類の認識様式の区別を論じておこうと思う。（九七―九八頁）

分析的判断ではないア・プリオリな綜合的判断こそ、カントが求めている認識を拡張する判断、すなわち形而上学という建築物の土台をなすものなのですが、概念だけを分析して終わる――かつての――形而上学者たちは、概念の分析が「確実で有用な進展をみる或る現実的なア・プリオリな認識を与える」ものだと思い込んでいた。

そして、「〔彼らの〕理性は、みずから気づかずに、このことに欺かれて、まったく別種の〔ア・プリオリな綜合的判断の〕主張をこっそり手に入れて」、みずからの分析的判断にこの主張を「付加する」のです。

ですから、彼らは「どうして理性がそうするにいたるのかを知らず、だから〔この〕問いは思い浮かべられることすらもない」というわけで、分析的判断と綜合的判断との区別すら知らず、よって「批判」（土台）の何たるかを知らず、まさに砂上の楼閣を建てて平然としている、というわけです。

次の解説はこの書七七頁の「下」、すなわち第二版の「序論」の初めからです。

2 認識の成立という問題

先にお断りしたように、第一版をある程度読み進んだ後に、それに対応する第二版の箇所を読んだほうがいいだろうと判断して、まず第一版（線の上）のこの書九八頁――「分析的判断と綜合的判断との区別について」の前――まで読みましたが、ここでは七七頁に戻って、第二版（線の下）の初めから読みます。

Ⅰ　純粋認識と経験的認識との区別について

あらゆる私たちの認識は経験でもって始まるということ、このことには全然疑いの余地はない。なぜなら、認識能力が働きだすようよびさまされるのが対象によってではないとしたら、それ以外何によってよびさまされうるのであろうか?

（七七頁下）

「経験でもって」というのは"mit der Erfahrung"の訳であって、私は「経験とともに」という訳で覚えていますが、この一句のうちにさまざまな内容が籠められています。この場合、「経験から」とは——じつは厳密に規定すると難しいのですが——、ここでは、普通私たちが「経験から」知るというときに意味するように、「知覚から」すなわち「感覚器官から」とほぼ同義だというくらいのところに留めておきましょう。

そのうえで、やや図式的に言うと、カントの直前まで「生得観念（idea innate）」をめぐるデカルトとロックの激しい対立がありました。すなわち、経験から得たのではない観念は、あるか否かという問いです。例えば"x=x"という同一律は"x"に何を代入しても成り立つように思われるのですが、としても、明らかにこれは、実際に私がすべての物事を"x"に代入して得た——これは不可能です——経験的知識ではない。

ほかに、論理学の原理や幾何学の公理や定理は、みなそう思われる。しかし、これも時代によって変わり、「三角形の内角の和は一八〇度である」というユークリッド幾何学の定理は、その後、非ユークリッド幾何学が現れて、凸凹の球面ではそれより大きくも小さくもなりうることが判明した。また、カント以前の時代には「神は完全である」とか「第一原因がある」という命題は、経験から得られたのではないけれど、疑う余地のない絶対確実な命題だとみなされていました。

つまり、経験によらない観念や知識（認識）の領域は定かではないけれど、どうもそういう知識がありそうな気だけはする。しかし、ロックは果敢にも、それを完全に否定したのです。ロックによれば、1+1=2だって、これまでの経験から、絶対に正しいと「確信する」だけなのです。

カントは、ここでは、経験からではない知識（認識）――すぐ後で、「ア・プリオリな認識」と名づけられます――があることを見込んだうえで、むしろ一見、ロックに同調するようにして、あらゆる認識はやはり「経験（知覚）とともに」成立することは確かではないか、という宣言から始める。考えてみれば、「三角形の内角の和が一八〇度である」こともやはり、私たちはノートの上やホワイトボードの上の作図によって理解するのであり、"1+1=2"だって、物を数えることを通じて理解するのです。

ここで議論は、「経験」をどうとらえるかにかかってきますが、その限界はなかなか難しく、夢や幻は排除して、「(単なる空想ではない)想像」や「(合理的な)思考」は入れていいように思います。すなわち、「経験」とは、私が覚醒しているとき――正常に知覚しているとき――に具体的になすことです。

それが、次に書かれている。

そうした対象は、私たちの感官を動かし、あるいはおのずから表象を生ぜしめ、あるいは私たちの悟性活動を運動せしめて、それらの表象を比較し、それらの表象を結合したり分離したりし、かくして感性的印象の生《な》まの素材を、経験と呼ばれる対象の認識へと作りあげるのである。それゆえ、時間的には私たちの内なるいかなる認識も経験に先行することはなく、だからあらゆる認識は経験でもって始まる。（七七—七八頁）

「感性的印象の生《な》まの素材を、経験と呼ばれる対象の認識へと作りあげる」というのが、当時の哲学における「経験」のモデルであって、私たちの外のカオス——生《な》まの素材——が眼や耳などという感覚器官を通って、私たちの「心」に入って「表象」となり、それに私たちの悟性が操作を加えて客観的対象——例えば、「家」）を作り上げる（認識する）——というわけです。

そして、それに続く「時間的には私たちの内なるいかなる認識も経験に先行することはなく」という箇所は、「時間的でない場合は……先行することもありえる」という方向をすでに指し示している。というわけで、予想通り（？）その次に、私たちは、デカルトからもロックからも距離をとり、かつ両者を融合した、認識成立に関するカントのきわめて有名な文章にぶつかります。

3　「経験でもって」と「経験から」

しかし、たとえあらゆる私たちの認識が経験でもって（mit）始まるにせよ、それだからといって、あらゆる私たちの認識が経験から（aus）発するのでは必ずしもない。なぜなら、私たちの経験認識ですら、私たちが諸印象をつうじて感受するものと、私たち自身の認識能力が（感性的な諸印象によってたんに誘発されて）おのれ自身のうちから供給するものとから合成されたものであるということは、十分ありうるかもしれないからである。（七八—七九頁）

この箇所は、本書が刊行された当時に読んだ人には、たぶん、まったく意味がわからなかったことでしょう。さっきまで、カントは、経験と「ともに」――やはりこちらのほうが私にはピッタリくる――生ずるのではない認識はないと言っていたのに、ここでは打って変わって、「しかし認識は、それだけではない」と言っているのですから。

さらに忖度すると、カントには、読者を一瞬煙に巻き、懐疑の中へ落としてから、じわじわと「正解」を語って、効果を上げようとするところがある。ここはその典型ですね。ここで、「あらゆる私たちの認識が経験から（aus）発するのでは必ずしもない」と謎のようなことを語って、これからの自分の道は誰一人切り開いたことのない、新たな道を歩むのだ、と期待させる。

そのあとの「なぜなら」以下の理由は、やはり当時の人にはチンプンカンプンでしょうね。というのも興味深いことに、カントの認識の成立過程論は、ロック、バークリィ、ヒュームという、いわゆるイギリス経験論者のモデルそのままだからです――ここに、神や叡智界や「知的直観」は入ってこない。

すなわち、すでにこの段階で、神や天使や霊魂など、ありとあらゆる超自然的なものは、「認識」から排除されている。それらの認識は、それら自身「から」由来するという前提があるのですから、人間の感官を通った「経験から」由来することはありえないでしょう。

とすると、――センスのいい――読者には、カントは神や聖霊に基づくのではないけれど、経験によらない、いわば第三の認識を目指しているらしい、という予感がしてくる。

先の箇所では、「あらゆる私たちの認識が経験でもって（mit）始まる」という文章そのものを否定しているのではなく、この文章の「もって（mit）」を「から（aus）」に変えたうえで否定している。カントにしてみれば、この二つの文章における前置詞の違いだけから、ここに潜む彼の高度な洞察を読み取ってもらいたいのでしょう――が、なかなか難しいかもしれない……。

というのも、それに続く、「私たちの経験認識ですら、私たちが諸印象をつうじて感受するものと、私たち自身の認識能力が（感性的な諸印象によってたんに誘発されて）おのれ自身のうちから供給するものとから合成されたものである」という箇所も、それほどわかりやすくないからです。

じつは、カントはここで急遽、次のような方向に舵を切って、第三の認識の方向に進もうとしている。すなわち、「あらゆる認識が経験でもって――ともに――始まるにせよ」、その認識の源泉としては、「①諸印象をつうじて感受するもの」のみならず、「②私たち自身の認識能力が（感性的な諸印象によってたんに誘発されて）おのれ自身のうちから供給するもの」があるのです。

たしかに、「あらゆる認識」は「経験でもって――ともに」、すなわち「感性的な諸印象」によって「始まる」のですが、私たちの心の内には、それらに「たんに誘発されて……おのれ自身のうちから供給するもの」がある。これが、――ここでは言われていませんが――「悟性＝知性」という心的能力なのです。「悟性（Verstand）」がカントの用語で「知性（understanding）」がロックの用語です。つまりここで、カントはロックから離れる。

「悟性＝知性」という広範な能力のうち、この段階では、幾何学の作図の例を考えてみればいいでしょう。三角形の内角の和が一八〇度であることを証明するとき、適当な補助線を引くことでそれができるのですが、そのさい、ホワイトボードの上に描かれた三角形T_1からの「感性的な印象」に基づいて、すなわち「経験でもって（ともに）」始まり終わるのですが、この作図による証明を通じて、私たちは、「三角形の内角の和は一八〇度である」という命題が、〈いま・ここ〉にサインペンで描かれた具体的なT_1という物体に限定されずに、いかなる三角形においても成り立つことを——なぜか——理解してしまっている。

さらに、「三角形の内角の和は一八〇度以外ありえない」という意味で、必然的な命題であるとも理解している。すなわち私たちは、T_1からの「感性的な印象」だけが与えられているにもかかわらず、T_1に限定されない普遍的かつ必然的な認識に至っている。しかも、この普遍的かつ必然的な認識は「感性的な印象」に由来するわけはない——感性的な印象は普遍性・必然性を伝えないからです。

こういう思考の連鎖によって、しかもカントはこの認識が「神に由来する」という道をあらかじめ遮断していますから、この普遍的かつ必然的命題は、たしかに「経験でもって（とともに）」生ずるのだが、「感性的な印象」に由来しないものを認めるほかない。

すなわち、私たちの「うち」にもともと存している「悟性＝知性」という認識能力が、「感性的な諸印象によってたんに誘発されて」、普遍的かつ必然的認識を「供給する」のです。T_1が感性的印象によって与えられるとき、同時に「悟性＝知性」がそれに「誘発されて」、T_1に限らない普遍的かつ必然的認識を成立させるというわけです。

このことをカントは、先の箇所でじつに的確に、「たとえあらゆる私たちの認識が経験でもって(mit)始まるにせよ、それだからといって、あらゆる私たちの認識が経験から(aus)発するのでは必ずしもない」と宣言したのです。

認識の源泉は、私たち人間の心的能力（のみ）に求められるのですが、それには「感性」と「悟性」という、まったく異なった種類があるらしい。こういうことが、この段階でわかってきますが、ここまてくれば、次に、②のほうの「おのれ自身のうちから供給する」能力とは何か、という方向に問いが進むのは当然のことでしょう。カントの論述も果たしてそうなっていて、彼はまず、感官に由来する能力から、この能力を区別することがいかに難しいかを語っている。

そうはいっても、私たちが後者の認識能力による付加物を前者の感性的な諸印象という根本素材から区別するのは、長いあいだの修練によって私たちがこの付加物に気づき、このものを分離することに熟達するにいたるまでは、できないことである。（七九頁）

この区別は、「長いあいだの修練によって私たちがこの付加物に気づき、このものを分離することに熟達するにいたるまでは、できないこと」なのです。カントの認識論をある程度知っている人、そうでなくても幾何学的命題は普遍的かつ必然的であって、それは「カラスは黒い」というような経験的諸命題とはまったく異なり、絶対的に確実であると考えている人は、この区別を基本的に認めないロックやヒュームの見解がありうることさえ不思議な気がするにちがいない。

しかし、じつはこれはなかなか強固な見解であって、現代でもなお有効なのです。すなわち、彼らもまた「三角形の内角の和は一八〇度である」という命題が普遍的かつ必然的であることを認めるのですが、それはT_1について確かめたとき、同時にこの命題が「普遍的かつ必然的である」ような「感じ」を伴うからであり、つまり、この独特の「感じ」を含めて、全体が経験による。

この場合、「悟性＝知性」が「誘発されて」発動するという説明と、そのさい特殊な「感じ」が伴うという説明とのあいだで、説明能力に違いがあるでしょうか？　疑問です。しかし、――ここでは詳細には入りませんが――両者の差異は、「悟性＝知性」と「感じ」とに与える意味にあると言えましょう。

合理論という系列の哲学者は、普遍的知識を与えるのは「悟性＝知性」であり、「感じ」は与えない、たまたまその内容が人々のあいだで一致しても偶然である、と考える。しかし、ロックやヒュームなどの経験論者は、これを知ったうえでの反逆であるわけで、……しかも合理論者の「悟性＝知性」と「感じ」とに与える意味は、突き詰めれば単なる前提なのですから、いつまでも決着がつかないのです。

4　ア・プリオリとア・ポステリオリをめぐる新しい問い

ここでは、第二版の「序論」の続きで、この書七九頁（下）の段落からです。ここでやっとカントは、彼らしい問いを立てます。

> それゆえ、はたして、経験に依存せず、感官のあらゆる印象にすら依存しないそのような認識があるかどうかは、少なくとも、いっそう立ち入った研究をなお必要とするところの、ちょっと一見しただけでただちに片づけられえない問題である。そうした認識はア・プリオリと名づけられ、だからこの認識は、その源泉をア・ポステリオリに、すなわち経験のうちにもっているところの、経験的認識から区別される。（七九―八〇頁）

わりに控え目な書きぶりですが、もちろん彼はア・プリオリな認識を確信していて、その可能性を厳密に問うことこそ重要であると自覚していた。こうして、本書全体の目標は、「ア・プリオリな認識（とくに綜合的判断）はいかにして可能か？」という問い、およびそれに対する答えと言っていいほどなのです。

では、ここでなぜ、このような控え目な書き方をしたのか？　これは、あくまでも想定ですが、「ア・プリオリ」を積極的（肯定的 positiv）に規定するのは意外に大変だからです。ここでも「経験に依存せず、感官のあらゆる印象にすら依存しないそのような認識」というように消極的（否定的 negativ）にしか語られていない。

これに対して「ア・ポステリオリ」は、「その源泉を……経験のうちにもっている」というふうに積極的（肯定的）に規定されている。これは、カント哲学全体において言えることであり、「純粋（rein）」は、まず「経験的（empirisch）」ではないという意味であり、「超越的（transzendent）」とは「経験を超える」という意味であって、いつも「経験」や「経験的」という意味が前提されている。

これはユークリッド幾何学において「直線」とは「幅のない直線」であり、「平行線」とは「永遠に交わらない二本の線」であること、ニュートン力学において「絶対空間」とは「そこに物質が含まれていない空間」であり、「絶対運動」とは「摩擦や抵抗のない運動」と定義されていることに呼応している。これは、われわれが何かを説明するときに、いかに公理系自身が演繹的であっても、そこで使用される用語自身は経験的に与えられたものから説明するほかないということによるのでしょう。

それはともかく、カントが「ア・プリオリ」という概念とは何であるかに関して、ひどく用心深いことは心に留めておいていいでしょう。

それにもかかわらず、ア・プリオリという表現は、いま提出された問題に適合して、その全体的な意味を表示するに足るほど、まだ十分明確ではない。なぜなら、人は、経験源泉から導出された少なからぬ認識についても、私たちはそれらの認識を直接的に経験から導出するのではなく、普遍的であるにもかかわらずそれ自身やはり経験から借用してきた規則から導出するゆえ、私たちはそれらの認識をア・プリオリになしうるとか、もちうるとかと、多分言うのが常であるからである。

（八〇頁）

ここでカントが何を言いたいのかは、次の——わりと有名な——家の例でやっとわかるのですが、一応カントの思考にそって進んでいくと、「ア・プリオリ」が「より先なるもの」という意味であることは、前提されている。そして、これまでの叙述から「経験より先なるもの」という意味も確定している。

さらに、「経験」という意味は比較的明確であって、「経験によって知る」という意味もほとんど間違えることがない。それは、否定的には夢や幻によって知るのではないという意味であり、肯定的には「知覚」に基づいて知るという意味です。当時、知識の源泉がどこにあるかについては、哲学者のあいだで大議論が闘わされましたが、「経験による知識」とは何かに関しては、それほど違っていなかったように思います。

それで人は、誰かが自分の家の土台を掘りくつがえしたとすれば、その人について、彼は自分の家が倒れることをア・プリオリに知ることができたと、言いかえれば、自分の家が実際倒れたという経験をまつ必要がなかったと言う。しかしながら彼は全面的にア・プリオリにこのことを知ることはやはりできなかった。なぜなら。物体は重いものであり、だからその物体を支えているものが取り除かれると倒れるということが、なんとしてもあらかじめ彼には経験をつうじて熟知されていなければならなかったからである。（八〇―八一頁）

われわれは、経験に基づいて数々の予測をしますが、この家の場合のように、ほとんど確実な予測もある。しかし、カントによれば、これは「全面的にア・プリオリにこのことを知る」のではないのです。「なぜなら……」以下もいいでしょう。

ニュートンは万有引力を発見し、それが F=Gm1m2r2 という方程式で表せることも知った。これにしたがって、家の倒れ方は正確に予測できるようになります。さらに、ニュートンの運動方程式に従って計算すると、何十年先のある日の日の出の時刻も日の入りの時刻も正確に予測できます。

ハレー彗星が次に地球に接近するときも、数百年後の北極星の位置も予測できます。しかしこれらはやはり、「全面的にア・プリオリ」ではない。というのも、この場合の予測も、明らかに観測すなわち経験に依存しているからです。

とすると、カントが目指している「全面的にア・プリオリな認識」とは何でしょうか？　ただちに、――物理学を初めとする――経験科学はすべて観察、すなわち「経験」に基づいているのですから、そんなものはありえないと言いたくなります。しかし、不思議なことにカントは、どうも「ありそう」だと考えているようなのです。

5　ア・プリオリな認識の二つの意味

そのことは、次の段落ではっきりしてきます。

それゆえ私たちは、以下において、ア・プリオリな認識を、あれこれの経験に依存せずに生ずるものではなく、断じてすべての経験に依存せずに生ずる、そのような認識と解するであろう。そうしたア・プリオリな認識には、経験的認識が、あるいは、ア・ポステリオリにのみ、言いかえれば経験をつうじてのみ可能であるような認識が対立する。（八一頁）

この箇所の解説は要らないでしょう。「全面的に」が、「断じてすべての経験に依存せずに」と言いかえられているだけですから。そうすると、先の家の例のような認識は「経験をつうじてのみ可能である」のですから、ア・ポステリオリな認識のように思われるのですが、意外なことに、この次を読むとそうでもない。

だが、ア・プリオリな認識のうち、なんらの経験的なものをも全然混入していないような認識は、純粋と呼ばれる。それで、たとえば、あらゆる変化はその原因をもつという命題は、一つのア・プリオリな命題ではあるが、しかしながら純粋ではない。というのは、変化というのは、経験からのみ引きだされうる一つの概念であるからである。（八一―八二頁）

この箇所はいろいろな問題を含んでいます。カントはここで、「ア・プリオリな認識のうち、なんらの経験的なものをも全然混入していないような認識は、純粋と呼ばれる」と語っていて、それはわかるのですが、その次との連関で混乱してくる人もいるのでは？　つまりカントは、純粋なア・プリオリアな認識と純粋ではないア・プリオリな認識とを分けているのですが、後者の例として「あらゆる変化はその原因をもつという命題」を挙げているからです。

この段階で二つの疑問が湧いてくる。

1　純粋なア・プリオリな認識とは何か？　これが「経験からのみ引きだされうる」認識の中にないことは確かですから、さしあたり考えられるのは、数学的認識と論理学的認識だけでしょう。

2　純粋でないア・プリオリな認識のうち、――先に挙げていた――「全面的」にア・プリオリな認識、すなわち「断じてすべての経験に依存」しないア・プリオリな認識とは――あるとしたら――いかなるものか？

6　全面的にア・プリオリな認識の徴表

このあとカントは、節を変えてさらにア・プリオリな認識について説明しています。第一版では八頁を越える空白があるところであって、第二版の書き直しにおいて、カントがどこに関心をもっていたか、すなわち、第一版の論述のどこに不満足があったか、が如実にわかる。その一つは、まさにア・プリオリな認識なのです。

II　私たちは或る種のア・プリオリな認識を所有しており、だから普通の悟性ですらそうした認識をけっして欠いてはいないこの場合問題は、私たちが純粋認識を経験的認識からそれで確実に区別しうる徴表は何かということである。経験は、なるほど、或るものがこれこれの性質をもっているということを私たちに教えはするが、しかし、その或るものが別様ではありえないということを教えはしない。それゆえ、第一には、同時に必然性をもっていると考えられる命題が見いだされるなら、その命題はア・プリオリな判断である。その命題はそのうえ、それ自身これまた必然的な命題として妥当するもの以外のものから導出されていないなら、その命題は断じてア・プリオリである。

（八二―八三頁）

ここから、話はいわば振り出しに戻って、カントはア・プリオリな認識の二徴表を挙げる。まず必然性です。引用した文章はそのままわかると思うので、あらためて解説はしませんが、「或るものが別様ではありえないということ」を、われわれはいかなる仕方で知るのかと問うと、ここには深淵が開かれていることがわかります。数学を除いて物理学に限ると、果たしてそういう認識はあるのか、最後まで疑問ですが、これはカントの疑問でもありました？

なお、引用箇所の最後の文章はいただけない。「断じて」は否定にかかるのであって、「断じてア・プリオリではない」は正しい使用なのですが、「断じてア・プリオリである」は（少なくとも伝統的日本語によると）誤用だと思います——すぐあとでも「断じてア・プリオリに妥当する」とありますが。

第二には、経験はけっしておのれの判断に、真のないしは厳密な普遍性をあたえず、ただ想定された比較的な普遍性（帰納による）しかあたえず、したがってそこでは本来、私たちがこれまで知覚してきたかぎりではまだ、あれこれの規則について例外が見いだされていないだけであると、そう言われなければならない。それゆえ、或る判断が厳密な普遍性において思考されるなら、言いかえれば、いかなる例外も可能であるとは全然許されないというように思考されるなら、その判断は経験から導出されているのではなく、断じてア・プリオリに妥当する。（八三—八四頁）

これは、いわゆる「帰納法問題」とも言うことができ、「これまで」の観察によって、われわれは未来永劫にわたる知識を得ることができるのか、という問題です。これも、右で言われる限りはわかるのですが、少なからぬ読者には、では必然性と普遍性とはどう区別されるのか、という疑問が湧いたのではないかと思います。

例えば、「万有引力の法則」に関して、「必然的」という徴表と「普遍的」という徴表とはどう区別されるのか、と問うと曖昧になってきます。まず、自然に考えられるのは、「必然的」と言いたくなるのは、ある現象E_1が必然的に生じたというのは、可能的に生じたであろう他の諸現象E_2、E_3、E_4……を排除して、E_1が成立した、というときではないでしょうか？

しかし、世界経過は一度限りであるはず、すなわち時間を加味すると、厳密には同じ現象は二度と起こらないはずですから、「可能的に生じたであろう他の諸現象」を想定すること自体が無意味になってしまう。その限り、必然性は普遍性に吸収されてしまうような感じがします。このあたりは、カントも考えているようなので、さしあたりペンディングにして次に進みましょう。

それゆえ経験的普遍性は、たとえば、すべての物体は重さをもつという命題におけるように、たいていの場合において妥当する妥当性から、すべての場合において妥当する妥当性へと、その妥当性を勝手に高めたものにすぎない。これに反して厳密な普遍性が或る判断に本質的に属しているときには、この普遍性は、その判断の或る特殊な認識源泉を、すなわちア・プリオリな認識の或る能力を指示する。

（八四―八五頁）

「経験的普遍性」とは、先の言葉では、「想定された比較的な普遍性（帰納による）」です。これではない「厳密は普遍性」が、ここで求められているものであり、具体的には未来永劫にわたる普遍性です。

カントは最後の箇所で、「この普遍性は、その判断の或る特殊な認識源泉を、すなわちア・プリオリな認識の或る能力を指示する」というような漠然とした書き方しかしていませんが、「ある特殊な認識源泉」とは「悟性（Verstand）」であり、具体的には「純粋悟性概念」としてのカテゴリーです。すなわち、帰納に基づく「比較的な普遍性」ではない「厳密な普遍性」を保証するのは、悟性自身のうちに源泉が求められる純粋悟性概念＝カテゴリーしかないことを、カントはここで仄めかしているのです。

それゆえ必然性と厳密な普遍性とは、ア・プリオリな認識の確実な目印であり、だからたがいに分離しがたく結びついてもいる。しかし、これらの目印を利用するときには、その判断にふくまれている偶然性を示すより、その判断が経験的に制限されていることを示す方が、ときとしていっそう容易であり、あるいは、或る判断の必然性を示すより、私たちがその判断に付与する無制限の普遍性を示す方が、しばしばいっそう分かりやすくもあるゆえ、前述の二つの標識はそれぞれそれ自身だけで誤ることのないものであるから、それらを分離して利用するのが得策である。

（八五頁）

さて、これはわかりにくいというより、さしあたり意味不明ですね。こうして「全面的なア・プリオリな認識」の徴表として、「必然性と普遍性」という二つの「目印」をつきとめたのですが、この二つは「たがいに分離しがたく結びついてもいる」。問題は、ここからなのですが、カントは、必然性より普遍性という目印にそって論じるほうが、「いっそう容易」で「いっそう分かりやすく」もある、とは言っているのですが、その理由を挙げていないのです。

ここを課題にしようとしましたが、多分読者のみなさまは回答のしようもないので、それはやめておきましょう。

7　普遍性と必然性

まず、解答を先送りした箇所、つまり「必然性と普遍性」という指標をめぐって触れたことからです。そのあたりから吟味していきましょう。右の引用にあるように、カントは「その判断にふくまれている偶然性〔必然性の逆〕を示すより、その判断が経験的に制限されていること〔普遍性の逆〕を示す方が、ときとしていっそう容易であり」と言っている。そして、続いて「或る判断の必然性を示すより、私たちがその判断に付与する無制限の普遍性を示す方が、しばしばいっそう分かりやすくもある」とも言っている。

つまり、どう読んでも、必然性・偶然性を示すより、制限性・普遍性を示すほうが「いっそう容易であり、いっそう分かりやすくもある」と言っているだけであって、その理由を挙げていません。ここで、なぜ普遍性の目印のほうが必然性の見印より「分かりやすいか」を考えてみるに、Aが「必然的」であるためには、A以外のさまざまな可能的選択肢のうち、他の選択肢を排除してそれが成立する、と言わねばならない。例えば、Aを物体として、地上でAから手を放せば、ニュートンの運動法則によって、落下する速度も落下も一義的に——それ以外ではありえないという仕方で——決定する、というように。そして、これは実証できない構造をしている。

では、普遍的とは何かといえば、この運動法則はAのみならず、——いちおう地上に限定すると——地上のいかなる物体の運動をも支配するということ。これも実証できないのですが、反証がない限り成立すると言ってもいいかもしれない〔反証主義〕。

ともかく、物理法則こそ、——厳密なア・プリオリではなく、比較的ア・プリオリなのですが——その必然性と普遍性という「日印」の代表例として、カントの念頭にあったものでしょう。しかし、正確に言うと、厳密な意味での必然性と普遍性の例としてカントが照準を定めていたのは、個々の物理法則ではなくて、カテゴリーとしての因果律一般なのですが、こう移行した瞬間に問題が山積します。

8　ア・プリオリな判断と因果律

次の文章は、後の因果律の「前座」のようなところですので、さっと走り抜けましょう。

ところで、このような必然的で、最も厳密な意味において普遍的な、したがってア・プリオリな純粋判断が、人間的認識のうちに現実にあるということは、容易に示されうる。一つの実例を諸学のうちから挙げようとするなら、数学のあらゆる命題をながめてみるだけでよい。

（八五—八六頁）

ここでは、「必然的で、最も厳密な意味において普遍的な、したがってア・プリオリな純粋判断」という表現に、「純粋」が加わっていることに注意が必要です。「数学」と言っても、カントが主に対象にしているのは（ユークリッド）幾何学なのですが、それは、純粋直観だけにおいて成立し、経験的なもの（感覚）を一切含まないから「純粋」である、というわけです。

ということは、次に出てくる因果律は、疑いなく経験的なもの（感覚）を含みますから、いかに厳密な必然性と普遍性を有するア・プリオリな判断であっても「純粋」ではない、ということになります。

また、ここには出てきませんが、ア・プリオリであってもカントがさしあたり考察から外しているものがある。それは、分析判断です。これは、同一律や矛盾律など、伝統的論理学における（記号論理学的に言えば）"x=x" における変項（x）に何を入れても常に真であるような命題ですが、さらにカントは「物体は延長している」等の命題も含めている。このことについては、後に（この書九八頁上・下以降で）詳細に議論していますので、そのときに譲ります。

さて、次の課題は、数学以外のア・プリオリな判断の具体例を考察することです。

そうした実例をごくありふれた悟性使用のうちから挙げようとするなら、すべての変化は原因をもっていなければならないという命題が、そのために役立つ。まことに後者の実例においては、原因という概念さえもが、或る結果との結合の必然性という概念と、その規則の厳密な普遍性という概念とを、きわめて明らかに含んでいる。

（八六頁）

ここで、因果関係に入るわけですが、まずカントは「原因という概念さえもが、或る結果との結合の必然性という概念と、その規則の厳密な普遍性という概念とを、きわめて明らかに含んでいる」と断言しているのですが、違和感を覚える人も少なくないでしょう。

これに関連して注目されるのは、ここで因果律の概念が、先にさんざん思い悩んだ（？）「必然性と普遍性」という二つの目印の差異性を語ることなく、一挙に両者を、「きわめて明らかに含んでいる」とみなしていることです。こうしたいくつかの問題点を指摘して、カントのヒューム批判に目を向けることにしましょう。

なお、一つ、日本語の問題を。訳者は「概念さえもが」という表現を採用していますが、この場合、「もの」のうちにすでに主格的役割が籠められているので、「が」は必要ないのでは？「が」なしでも、後の述部から文意は正確に伝わります。同様に「〜さえをも読むのか？」とは言わないでしょう？この場合も、「〜さえも読むのか？」だけで「も」は目的格の役割を果たしているのです。閑話休題。

そのために、この概念を、ヒュームがなしたように、生起するものには、それに先行するものがしばしば伴い、このことにもとづいて、それらの表象を結びつけるという習慣が生ずるということ（したがって、たんに主観的な必然性）から導出しようとするなら、この原因という概念は、全面的に消え失せるにちがいない。

（八六―八七頁）

ヒュームは、因果関係には未来永劫にわたる厳密な意味での必然性も普遍性もなく、それはただ、そのときどきの帰納法による習慣的関係なのだ、と主張しました。これを読んで、カントが「独断のまどろみ」からたたき起こされたということが、『プロレゴメナ』（篠田秀雄訳、岩波文庫、一九七七年）に書いてありますが、このあたりに深入りするとかなり面倒な問題にぶち当たります。

すなわち、こうして因果律を習慣に帰してしまうとき、果たして「この原因という概念は、全面的に消え失せるにちがいない」か否かです。それでも因果律は消えずに、立派に機能している、という道は依然として開かれていると思いますが……。

しかしカントは、因果律が習慣にすぎないのなら、ア・プリオリな（綜合的）判断は存在しないことになり、いかなる客観的知識も成立せず、学も成立せず、世界は懐疑論の渦の中に放置される、いや、接着剤がなくなって空中分解するかもしれない、とすら思っていた。

見方を変えると、こうしたカントのア・プリオリな因果律に対する強い思い込みはどこからきたのか、と問うてもいいでしょう。これまでの世界が、遡って空中分解することはありえないのですから、どうもこの強い思い込みは、未来に対する見方に集中しているように思われる。

カントとしては、明日、いや次の瞬間に世界が崩壊したら困るのでしょう。しかし、因果律を単なる習慣とみなしても同じではないでしょうか？　明日、世界が無に帰するとしても、いまわれわれが

――想像力によって――「これまで通りの法則が成立する」と思い込んでいることに変わりはないのですから、違いはまったくない。

言いかえると、たとえ因果律がア・プリオリであることを論証したとしても、明日が未だない限り、そして、誰もそれをいま体験できない限り、明日、突如として――未知の理由によって――世界が無に帰すとき、それを否定しても無駄でしょう。こうして、両者は、世界観だけの違いなのかもしれません。

一般論はこのくらいにして、カントに戻りましょう。

9 因果律がア・プリオリであることのア・プリオリな証明

カントは、先のように、ア・プリオリでなければ、「原因という概念は、全面的に消え失せる」と決めつけた後に、急遽、方針を変えます。

また、私たちの認識のうちにはア・プリオリな純粋な諸原則が現実にあるということを証明するのに、このような実例を挙げる必要もなく、そうした諸原則が経験自身の可能性のために不可欠であることを、したがってア・プリオリに、立証することができるかもしれない。なぜなら、経験がそれにしたがって進んでゆくすべての規則が、つねに繰り返し経験的であり、したがって偶然的であるとしたなら、経験ですらおのれの確実性をどこからえたらよいかわからなくなるからである。だから、そうした規則が第一原則とみなされうるのは困難なことである。（八七頁）

この前半についてはいいですね？　「実例を挙げる必要もなく」というのですから、単なる思考によって、「〔ア・プリオリな〕諸原則が経験自身の可能性のために不可欠であることを、したがってア・プリオリに、立証することができるかもしれない」と言うのです。しかし、では、と期待して読んでみても、「なぜ」からあともはたと膝を打つようには納得できない。そして——不思議なことに——、カントはこの「ア・プリオリな証明」を、仄めかしただけで、すぐに次の話題に移ってしまう。

しかしながら、ここでは私たちは、私たちの認識能力の純粋使用を、この純粋使用の目印とともに、事実として明示したことで満足できたとしよう。しかし、判断においてのみならず、概念においてさえも、それらのいくつかのものがア・プリオリな起源をもつことは明らかである。

（八七—八八頁）

「事実として明示したことで満足できたとしよう」とありますが、果たして何を「事実として明示した」のでしょうか？　このあたりは、どうも釈然としない感じですが、じつはずっとあとから具体例が出てきて、わかるのです。

10　物体から実体というカテゴリーへ

さしあたりは、議論を中断して次に進んでしまう。

物体という諸君の経験概念から、それが経験的にもっているすべてのもの、すなわち、色、硬軟、重さ、不可入性をすら、次々に除去してみたまえ。それでも、その物体（このものはいまやまったく消滅しているのであるが）がしめていた空間は残存するのであり、だからこの空間を諸君は除去することができない。

（八八頁）

ここでは、物体と空間との関係が語られている。物体の諸性質を「次々に除去して」も、そこには「その物体がしめていた空間」、すなわち延長は残存するというわけであり、ある物体Kがそこを占めている空間（延長）とは、Kの他の諸性質とはレベルの異なった、ア・プリオリな性質であることが言われている。以上のことは比較的わかりやすいのですが、次に話が「実体」に及ぶと、とたんに見通しが悪くなります。

これと同様に、物体的な客観であるにせよ、非物体的な客観であるにせよ、それぞれの客観についての諸君の経験的概念から、経験が諸君に教えるすべての固有性を除去するとしても、それでも諸君は、諸君がその客観をそれによって実体ないしは実体に付着しているものとして思考するそうした固有性を、その客観から奪うことはできない（もっとも実体というこの概念は、客観一般の概念より以上の規定を含んではいるが）。

（八八―八九頁）

カントをある程度読み込んでいる人には、ここでは、「空間」という感性の形式ではなく、「実体」という悟性の形式であるカテゴリー――の一つ――が問題になっていることがわかるでしょう。物体とは、現象における実体ですから、その経験的概念によって表すことができる個々の「固有性」を、先と同じように次々に除去するとき、「実体」が残るというのです。しかし、「空間」の場合はよくわかったけれど、「実体」の場合はどうもわからない、と感じる読者が多いのではないでしょうか？

そこで、ここでは文章をここまで具体的に解きほぐしたうえで、課題を二つ提起します。第一は、この場合、「実体」とは何かということです。空間（延長）以外に何かが残るでしょうか？　残るとすれば、それは何でしょうか？　本当の問いは、この次であり、全体がへんだとしても、無理やりカントに好意的に考えると、何が考えられるでしょうか？

そして第二は、多くの人が、物体の場合ならまだ納得できる感じがするのに、カントが、「物体的な客観であるにせよ、非物体的な客観であるにせよ」としているところです。「非物体的な客観」というと、さしあたり「心的なもの」しか考えられない。しかし、カントは実体としての——永遠不滅の——魂や神は否定するのです。とすると、ここで言われている「非物体的な客観」における「実体」とは何でしょうか？　ここも、思い切りカントに好意的に考えるとどうなるか、という話ですが……。

さて、これがわかったとして、以上からカントは次のように結論づけるのです。

それゆえ諸君は、実体というこの概念が諸君に強いる必然性によって承服させられて、この概念が諸君の認識能力のうちにア・プリオリにその座をしめているということを、承認せざるをえないのである。（八九頁）

こうみてくると、カントはここでさきほどの「事実として明示す」ということを（やっと）実行しているとみなせる。すなわち、カントは、「空間」や「実体」のような具体例に則して考えてみて、まさにわれわれがそのア・プリオリ性を「承認せざるをえない」ということを、「事実として明示した」のです。

対話10

一つ前の引用文で言われている、「その客観をそれによって実体ないしは実体に付着しているものとして思考するそうした固有性」、第一の問いは、その場合、「実体」とは何かということです。そして、第二の問いは、「物体的な客観であるにせよ、非物体的な客観であるにせよ」としているけれど、「非物体的な客観」における「実体」とは何かということです。

二つの問いは結局一つに収斂します。まず、「物体的な客観」について考えると、そのすべての属性（偶有性）を取り去ると、「純粋直観」としての空間（あるいは時間）しか残らないように思われますが、じつはもう一つ残る。古典力学に限定すれば、「質点」に当たるかもしれません。Aという物体が、静止しているBという物体に衝突して、みずからは静止し、Bが動き出すとき、運動量（mv）を担うAやBが実体なのであり、それは延長するAやBではなく、運動量がそこに属するとみなされる「点」としてのAやBなのです。もっともこれは、あくまでも物理学的物体観における実体です。

カントの物体観にはもう一つあって、それはアリストテレス以来の「(第一）実体（ousia)」であり、例えば「これは犬である」という判断の「これ」であって、「他の判断の述語にはなりえない主語概念」です。まさにこれが“Subjekt = Substanz”なのであって、「主観=私」はその特例にすぎません。

この視点を入れれば、右の箇所は当たり前のことを語っているのであり、すべての属性(偶有性)を除くと、残るのはまさにこうした「主語」なのであって、これは「物体的な客観であるにせよ、非物体的な客観であるにせよ」変わりはない。カントに合わせると、「私は思考しつつ現存する(Ich denke, existierend)」における「私」でしょう。

すなわち、この段階では「魂(Seele)」は、現象を超えた不滅の魂と現象的魂とに区別でき、前者は認識できないけれど、後者は認識できて、まさに――生きている限りの――経験的な「私」そのものなのです。

そして、以上のことが、次の「それゆえ諸君は、実体というこの概念が諸君に強いる必然性によって承服させられて、この概念が諸君の認識能力のうちにア・プリオリにその座をしめているということを、承認せざるをえないのである」(八九頁)という文章に繋がる。ここで重要なことは、以上の意味で、「ソクラテス」も「これ」も「私」も、現象的実体として「ア・プリオリ」だということ、すなわち悟性の形式として必然的に認識に参与している、すなわちこの形式が「主語=述語」図式を投入して世界を見ることを、われわれに「強いている」ということです。

最後に付け足しますと、カントは「私」以外には、「これ」のような指示代名詞や「ソクラテス」のような固有名に着目しませんから、以上のすべてが見通しの悪いものになっていますが。

第六章　ア・プリオリな綜合的判断とは

1　第一版と第二版の「序論」との関係

次は、第二版の「序論」の続きであり、この書九〇頁の下段からですが、ここから少し解説が難しいのは、カントが第二版（下）において、第一版（上）とほぼ同じ文章に適宜短い文章を、あるいは大幅に挿入していること。その挿入部分だけを抜き出して解説しますが、読者にとってはやや読みにくくなるということは、あらかじめご承知おきください。

まず九〇頁では、第一版になかった、「Ⅲ　哲学は、すべてのア・プリオリな認識の可能性、諸原理、および範囲を規定する一つの学を必要とする」という標題が加わっている。そして、その後は、「はるかにそれ以上に言うべきことは……」から、次頁（九一頁）の後ろから六行目の「……むしろ一切を賭そうとするのである」まで、第一版とまったく同じ論述が続きます。

そしてその後、次の文章がくる。つまり、〔　〕の中が第二版で新たに挿入された箇所です。以下の解説では、次頁（九二頁）の〔むしろ、〕とか、次々頁（九三頁）の〔としての〕などの表現上の微細な変更は無視していく、すなわち、触れずにいきます。すると、九一―九八頁の九行目までのうち、第二版で付加されたのは、以下の箇所だけです。

〔純粋理性自身のこの不可避的な課題は、神、自由、不死である。だが、その究極意図が、その準備の一切をあげて、本来これらの課題の解決にのみ向けられている学は、形而上学と呼ばれるが、この形而上学の手続きは、最初は独断的である、言いかえれば、理性がこのように大きな冒険をくわだてる能力をもっているかもっていないかを、あらかじめ吟味することなしに、確信をもってその遂行を引き受けるのである。〕（九一―九二頁）

この文章を付け加えた意図がそれほどはっきりしないのですが、その前に「……だからそれらの諸探究の究極意図をはるかに崇高であるとみなすが、そのさい私たちは、誤る危険をおかしてすら……むしろ一切を賭そうとするのである」という文章がありますから、カントは、可能な経験を超えようとする理性の無謀な態度をもう少し説明したかったのでしょう。

しかし、「神、自由、不死」はすでに第二版の「序文」にありますし（この書六〇頁）、そもそも「形而上学のこれまでのやり方を変革するあの試み……、純粋思弁的理性のこの批判の仕事である」（五四頁）とはっきり書いてあります。また、「独断論」という言葉もすでに出ています（六一、六六頁）。以上のことから、あえてここで付加する必要もないと思いますが……。

あと細かい訂正としては、九五頁の後ろから六行目あたりの上段と下段を比べてみてください。上段（第一版）では、「感性界は悟性にきわめて〔さまざまな障害をもうける〕ゆえに……」となっているところを下段（第二版）では、「感性界は悟性にきわめて〔窮屈な制限をくわえる〕ゆえに……」と書き直している。〔　〕の箇所は、第一版の記述のうち、第二版で取り除いた部分です。

まあ、どうでもいい感じですが、確かに第二版のほうが正確かなと思う程度です。こうして、カントは本書のはじめのうち、かなり丁寧に修正していったのですが、どうも時間切れを感じて、途中からやめてしまった。「序文」で「そこまで（つまり、超越論的弁証論の第一章の終わりまでだけ）私は叙述の仕方を変更したが、この変更はそれから先へはおよんでいない」（六八—六九頁）とはっきり書いています。

それにしても、まったくの途中で「変更を終える」というのも、当時のカントの状況を垣間見させますね。第一版が出たのが一七八一年であり、第二版が六年後の八七年ですが、翌八八年に『実践理性批判』が出ていますから、そして前にも言ったように、これはもともと第二版に含めるはずのものでしたから、こちらの仕事のほうを優先しなければならないと考えたのでしょう。

ここに、ケーニヒスベルクのカント邸を訪れた若きフィヒテが、からんでいるかもしれません。この書を読むうえでは比較的どうでもいいことですが、こうした細かい表現の訂正は翻訳者泣かせですから、途中でやめてくれてかえってよかったと思います。閑話休題。

2　延長（広がり）の特権性

この後、九八頁の見出し、「分析的判断と綜合的判断との区別について」から、ふたたび上段（第一版）に戻りますが、下段（第二版）でも論述はほとんど変わりません。「分析的判断と綜合的判断」は、まさにカントのキーワードの一つ（ペア）ですが、ずっと読んでいくと数々の疑問が押し寄せてくるところです。

すべての判断においては、主語と述語との関係がそのうちで思考されているのであるが（私は肯定判断だけを考察するが、それは、否定判断への適用は容易であるからである）、この関係は二種類の様式で可能である。述語Bは、主語Aのうちに（隠れて）含まれている或るものとして、この概念Aに属しているか、あるいはBは、たとえ概念Aと結びついているにせよ、この概念のまったく外にあるかのいずれかである。前者の場合には私はその判断を分析的と名づけ、後者の場合には、綜合的と名づける。

（九八—九九頁）

この部分が、分析的判断と綜合的判断との導入——いわば定義——ですが、「述語Bは、主語Aのうちに（隠れて）含まれている或るものとして、この概念Aに属しているか、あるいはBは、たとえ概念Aと結びついているにせよ、この概念のまったく外にあるかのいずれかである」と言われても、あまりにも漠然として——多くの人はすでに知っているから、どうにか読めるのですが——、何のことかわからないというのが、率直な感想でしょう。

諸実例を考え出したらきりがないので、まずはカントがすぐあとで挙げている事例に沿って理解していくことにしましょう。すなわち、前者の分析的判断の例として、「すべての物体は拡がりをもつ」、これに対して、後者の綜合的判断の例として、「すべての物体は重さをもつ」です。「物体（Körper）」という概念に、「拡がり（Ausdehnung）」という概念と「重さ（Gewicht）」という概念とがどうかかわるかですが、カントは、前者は物体という概念に「属している」けれど、後者は物体という概念の「まったく外にある」と言っている。

言いかえれば、前者は「物体」という概念を分解していけば、もともとそこに属していることがわかるけれど、後者はそうではないのです。このさい、いや後者ももともと属しているのではないか？

では、形は？　色は？　と進んでいくのは、この段階では無駄だ（虚しい）と言っておきましょう――その理由はだんだんわかってくると思います。

「属している」とカントが言っていることには、確固とした背景があり、それは、デカルトからロックまでの物体の定義です。デカルトは物（実体）を「思惟実体（res cogitans）」と「延長実体（res extensa）」とに分けた。すなわち「物」の規定のうちで「延長（拡がり）」は、他のあらゆる規定と異なり、特権的特徴なのです。

では、なぜデカルトはこう決めたのか？　それは、「明晰かつ判明な」もののモデルとして、幾何学を考えていたからです。しかも、――ここで現代人は躓きますが――デカルトは幾何学図形と物体との区別をほとんどしていない。幾何学図形とは、いわば透明な（濃度ゼロの）物体にすぎないのです。

これは、ロックによって「第一性質（primary quality）」として受け継がれ、じつはカントもこの延長上にいる。というのも、カントは原則論で、物をまず延長（広がり）という観点から、次に度（濃度）という観点から考えているからです。

そして、この背景には、幾何学と物理学とを重ね合わせるという企み（？）がある。あらゆる物体は、とりもなおさず立体幾何学図形であって、その中に幾何学の原理がいわば浸透している。これは、ニュートン物理学をも包み込みますが、こうした「幾何学主義」を物理学に結びつけたのがほかならぬカントであって、前にも述べましたが、『自然科学の形而上学的原理』（一七八五年。犬竹正幸訳、カント全集一二巻、岩波書店、二〇〇〇年）の第一章は「運動学（Phoronomie）の形而上学的原理」であって、なんとそこでは濃度（質量）を欠いた「軌跡だけの運動学」（？）が扱われています。

以上によって、カントによると「すべての物体は拡がりをもつ」は特権的に分析的判断なのであり、「重さ」以下、他のいかなる概念を述語にもってきても、綜合的判断になってしまうのです――これが、先に仄めかした「理由」です。もっとも、「形」はロックの場合には微妙でしたが、「すべての物体は（何らかの）形をもつ」は、カントの場合でも分析的判断になりうるでしょう。古典力学レベルですと、「形」のない物体は思考できない、という意味で、「形」は物体に「属している」ように思われるからです。

それゆえ分析的（肯定）判断は、述語と主語との結びつきがそこでは同一性によって思考されるような判断であるが、この結びつきがそこでは同一性なしで思考されるような判断は、綜合的判断と呼ばれるべきである。（九九頁）

ここで「同一性」とは「自己同一性」という意味であり、「拡がり」という述語は「物体という」主語にもともと「属している」のですから、「あらゆる物体（拡がりをもつ）は広がりをもつ」は自己同一的であることになる。現代風に言えば、トートロジー（同語反復）と言っていいでしょう。

しかし、クワイン以降、かならずしもこうはならないこと、例えば「独身者は結婚していない」は、単純に分析的判断とは言えないことが、哲学の業界ではいわば常識です。これを分析的判断だとするのは、われわれが「独身者」という概念に「結婚していない」という概念が属すると、ごく自然にみなしたからであって、みなさないことも論理的に可能だ、というのがクワインの要点です。これはカント批判のつもりなのですが、前述のように、カントが実際にしていることを抉り出せば、カントの線に沿った議論ではないかとも思われますが、いかがでしょうか？

3　解明的判断と拡張的判断

カントはさらに、分析的判断を「解明的判断」、綜合的判断を「拡張的判断」と呼びなおして、さらなる読者の理解を求めています。

> 前者は解明的判断とも、後者は拡張的判断とも呼ばれうるかもしれない。というのは、前者は、述語によって主語の概念に何ものをも付加せず、主語の概念を分析によって、ほかならぬこの主語の概念においてすでに（〔たとえ〕混乱してではあるにせよ）思考されていたその部分概念へと、分解するにすぎないのに、これに反して後者は、主語の概念に、主語の概念において全然思考されていなかったところの、だから主語の概念をいかに分析しても引きだされえなかったはずの一つの述語を付加するからである。
> （九九―一〇〇頁）

言っていることは――正しいかどうかはともかく――、しごく簡単であり、分析的判断はもともと主語概念の「うち」にあった概念の一つ（拡がり）を選び出して、それをその「そと（述語）」に置くだけですから、「述語によって主語の概念に何ものをも付加」しないのは当たり前です。

これに対して、綜合的判断の場合、「重さ」という述語概念は「物体」という主語概念の「うち」にはもともとないと見なされたのですから、それを「物体」という主語の述語に据えることは、主語概念を「拡張」することになることも当然でしょう。

後にわかってきますが、カントはこうした綜合的判断の典型として、「三角形の内角の和は一八〇度である」という幾何学的判断や、「原因としての現象E_1は結果としての現象E_2をひき起こす」という因果律を考えていて、これらを拡張判断とみなしました。後者は、物理法則の予測までを含む客観的妥当性を保証するものであり、ヒュームが因果関係を単なる習慣とみなしたことに対する反論です。

すなわちカントは、幾何学や物理学の中に潜んでいると見なせるア・プリオリな綜合的（拡張）判断を認識の基準にし、それが「一つの経験」という認識の領野を限界づけ、それを超えるものを理念とみなすのですから、まさにア・プリオリな綜合的判断の解明こそ、本書（批判）の要となることもおわかりでしょう。

4　主語と述語を繋ぐ「経験というX」

この箇所は、すでに、分析的判断と綜合的判断との例として論じてしまったので、ほとんど解説することはありません。まずは、分析的判断から。

たとえば、すべての物体は拡がりをもつと私が言えば、これは一つの分析的判断である。なぜなら、私は、私が〈物体という言葉〉を結合している概念から、拡がりをこの概念を結びついているものとして見いだすためには、出てゆく必要はなく、物体という概念を分析しさえすれば、言いかえれば、私がいつでもこの概念において思考している多様なものを〈私が〉意識しさえすれば、拡がりという述語はそのうちに見いだされるからである。それゆえ、これは一つの分析判断である。

（一〇〇―一〇一頁）

次に、綜合的判断です。

これに反して、すべての物体は重さをもつと私が言えば、この述語は、私が物体一般のたんなる概念において思考しているものとは、まったく別の或るものである。それゆえ、そうした述語を付加することが綜合的判断をあたえるのである。（一〇〇―一〇一頁）

解説の前に、念のため、二つのことを補足しておきましょう。まず第一に、「神は完全である」という判断は分析的判断なのか綜合的判断なのか？　「神」という概念を探ると「完全である」という概念がもともと属しているような気がしますから、分析的判断と言えそうですが、じつはそうではない。つまり、カントは「判断」を認識（真偽）を与えるような判断に限っているので、「神は完全である」という判断が真で「神は不完全である」という判断が偽というわけではなく、そもそもこれらは判断ではなく、無意味なのです。

第二に、カントの「判断」は認識判断をさらに限定しています。認識判断のモデルは数学や物理学の判断ですから、驚くべきことに、視野にあるのは「全称判断」のみなのです。面白いことに、むしろ「弁証論」では、神や魂や世界に関して特称判断も単称判断も批判的に扱っていますが、厳密な認識の範囲では登場してこない。ですから、こうしたカント的判断論の道具立てでは、歴史学はじめ、人文科学や社会科学を基礎づけることはできない。

さらに、カントには、「これは〜である」という、アリストテレス以来の第一実体に関する判断も、

「～がある」という存在判断も登場してこない。なお「演繹論」には、「私は～である」という判断が登場してくるのですが、これは判断主体——カントの言葉では、カテゴリーの乗り物——であって例外的と言えましょう。また、『プロレゴメナ』では、「ニガヨモギは苦い」や「空気は弾性がある」などの知覚判断にも触れていますが、この場合でも主語は「あらゆる」であって、やはり全称判断に限定されています。

というわけで、カントは、アリストテレスの判断表を適宜改変してカテゴリーを導いていて（形而上学的演繹）、それを見ると、全称判断、特称判断、単称判断と区分されているのですが、少なくとも認識に限ってみるに、判断表から導かれたカテゴリーは、数学や物理学に登場してくるような全称判断にのみ適用されうる、というわけです。

ところで、以上のことから明瞭なのは、1 分析的判断によっては私たちの認識は全然拡張されず、私がすでにもっている概念は分解されて、私自身に理解しやすいものとなるということ、2 綜合的判断のさいには私は、主語の概念のほかになお何か別のもの（X）をもっていなければならず、この何か別のものに悟性は、主語の概念のうちにはひそんでいない或る述語を、それでもこの主語の概念に属するものとして認識するためには、たよるということである。（一〇一―一〇二頁）

分析的判断についてはいいでしょう。述語は、もともと主語の概念の中に含まれているのですから、主語概念を「分解」して、目当ての述語概念を「析出」するだけでいい。しかし、綜合的判断の場合には、述語概念は主語概念の中には含まれていないのですから、そのままでは「AはBである」とはならない。そうなるためには、AとBを媒介する何か（X）が必要となります。

カントは、ここで抽象的に書いていますが、種を明かすと、じつのところすでにア・プリオリな綜合判断の典型例である因果律を念頭においている感じがする。因果律の場合、主語と述語との関係で語りなおすと、「原因Aが結果Bを（因果的に）ひき起こす（cause, verursachen）」となるでしょう。この場合、原因の概念Aの中には結果の概念Bは含まれていないので、この命題が成り立つためには、AとBの「ほかに何か別のもの（X＝因果関係のカテゴリー）」がなければならない、というわけです。

このあと、意外に骨のある、読みにくい文章が続きます。

経験的判断ないしは経験判断のさいには、この点に関してはいかなる困難も全然ない。なぜなら、このXは、私が概念Aによって思考する対象についての完璧な経験であって、その概念Aはこの経験の一部分をなすにすぎないからである。（一〇二頁）

まず、「経験的判断」と「経験判断」とは違います。ドイツ語では、前者は“empirishes Urteil”であり、後者は“Erfahungsurteil”であって、字面は相当違います。カントは『プロレゴメナ』でその区分をしていますが、「経験的判断」が、そのうちにカテゴリーを含む「経験判断」と含まない「知覚判断（Wahrnehmungsurteil）」とに分かれるのです。

それはともかく、この箇所の後半はよくわからない文章ですね。どうも経験的判断においては、Xに「経験」が収まるらしく、「この点〔主語概念と述語概念とを媒介するX〕に関してはいかなる困難も全然ない」。なぜなら、「その〔主語〕概念Aはこの経験の一部分をなすにすぎない」のですから。

どうも、まだ釈然としませんね？　そこで一つ一つの具体的な因果関係を考えてみるに、何ごとかが起こった場合、普通、原因を特定する〔複数であってもかまわない〕ことができます。「航空機が墜落した原因」はU_1、U_2、U_3……なのですが、この場合、「完璧な経験」とは、まさに「主語〔航空機の墜落〕が一部分をなす」因果関係全体でしょう。なお、訳語としては、「完璧な（vollständig）」より、（因果関係が）「完備した」のほうがいいと思いますが。

5　物体の「重さ」

次にカントは「重さ」について語っているのですが、ここがかなりわかりにくい。

なぜなら、たとえ私が物体一般のうちに重さという述語を全然含ませていないにせよ、物体一般の概念は経験の一部分をつうじてその完璧な経験を表示しており、それゆえ私が経験のこの一部分に、まさに同一の経験のなお他の諸部分をも、その完璧な経験に属するものとして、付加することができるからである。　（一〇二―一〇三頁）

カントが「拡がり」と異なり、「重さ」を分析判断ではないとみなしていることは先にみました。それが冒頭の箇所です。その後の「物体一般は経験の一部分をつうじてその完璧な経験を表示しており」とは、わかりにくいのですが、「物体」という概念にいかなる属性が属するかは「経験」によって完璧にわかるという意味のようです。

これは、単純なことであって、物体に重さが属するかどうかは、「手に持ってみれば」端的にわかる。としても、このあとが難解です。「それゆえ私が経験のこの一部分に、まさに同一の経験のなお他の諸部分をも、その完璧な経験に属するものとして、付加することができる」とは、具体的に何のことか？　適当に補足して解釈していきます。「物体一般」に属する性質は「拡がり」のほか、「重さ」や「不可入性」や「〔何らかの〕形態」や「運動または静止」や「濃度」など、それほど多くはないのですが、ある一部分——例えば、「重さ」——が物体に属することが経験によってすでにわかったとして、次々に、「同一の経験」により、他の諸部分——例えば、「形態」や「不可入性」——も「見てみれば、あるいは触ってみれば」、「その完璧な経験に属するものとして、付加することができる」ということでしょうか？

なお、カントの真意に沿って書き直すと「経験のこの一部分〔重さ〕に、まさに同一の経験のなお他の諸部分〔形態や不可入性など〕をも……付加する」ではなくて、「経験のこの一部分〔重さ〕を、まさに同一の経験のなお他の諸部分〔形態や不可入性など〕に……付加する」のほうが適切でしょう。としても、以上の解釈は、一〇〇パーセント自信があるわけではないので、これより納得できる解答がわかったと思う人は教えてください。

どうも、ここまで読み進み、これ以後の箇所もちらりと眺めると、このあたりは、経験的綜合判断は経験によって「完璧に」真偽が決まるけれど、「しかし、ア・プリオリな綜合的判断はそうではないから……」という論理構成になっているようです。ですから、後者の問いをきちんと立てるためにも、前者の「完璧な経験で」の場合を固めておく必要があったのでしょう。

以上を付け加えて、さらに「物体」に関するカントの説明の解釈に挑んでみましょう。

私は、物体という概念を、すべてこの概念において思考されるところの、拡がり、不加入性、形態などという諸徴表によって、あらかじめ分析的に認識することができる。ところが私が私の認識を拡張してみると、私が物体というこの概念をそこから引きだした経験を振りかえって見ることによって、私には、前記の諸徴表と重さもまたいつでも結びついていることがわかり、

（一〇三頁）

カントはここで、経験的知識の概要を語っている。その知識は、つまるところ経験の積み重ねによる一般化（帰納法）に基づいているのですが、いったんある概念（物体）に関してこうした一般化がなされると、あとは反証されない限り、主語（物体）と述語（属性）との関係はあたかも分析的であるかのように進んでいく、ということでしょう。

物体に「重さ」という徴表（性質）を、私が新たに付加する（拡張する）ことができるのは、「私が物体というこの概念をそこから引きだした経験を振りかえって見ることによって」、私がこれまで確立したさまざまな物体の徴表（性質）である「形態」「不可入性」などと「重さ」が、「いつでも結びついていることがわかる」からなのです。

さらに進んで、これらの徴表（性質）を「定義的特徴（属性）」にまでしてしまえば、完全に分析的判断になります。例えば、「形態」を物体の定義的特徴にしてしまうと、「不可入性」や「重さ」があっても、限界がはっきりしない流体状や気体状のものは物体ではなくなるでしょうし、「重さ」を物体の定義的特徴にしてしまうと、地上では物体であっても、重力が働かないところでは物体ではな

くなるでしょう。

それゆえ経験が、概念Aの外にあるあのXにほかならないのであって、このXに重さという述語Bと概念Aとの綜合の可能性がもとづいているのである。

（一〇三頁）

ここまで至ってやっと、「経験が、概念Aの外にあるあのXにほかならない」という文章の意味がわかったのではないか、と思います。ふたたび因果律に戻ると、個々の現象間の因果関係は、経験という媒介（X）によって完璧にわかるけれど、因果関係自体は経験によらないのだから、その媒介（X）は何であるのか、という問いへと進んでいく。これこそが、批判の要をなす「ア・プリオリな綜合的判断はいかにして可能か？」という問いにほかなりません。

6　ア・プリオリな綜合的判断におけるXとは何か？

以後、話はこうした方向に流れていきます。

しかし、ア・プリオリな綜合的判断のさいには経験というこの補助手段は徹頭徹尾欠けている。私が概念A［の外へと］、他の概念Bをこの概念Aと結合しているものとして認識するために、越え出てゆくべきであるなら、私はそれにたより、また綜合がそれによって可能となるものは、何であろうか？　それというのも、私はこの場合には、経験の分野のうちでそうしたものを探しまわる便宜をもってはいないからである。

（一〇四頁）

ここは、もう説明を尽くしたことですから、いいですね。ただ、最後の「私はこの場合には、経験の分野のうちでそうしたものを探しまわる便宜をもってはいない」という箇所から、やはり「経験」なら完璧にXの役割を果たしている、という考えが下敷きになっていることがわかる。しかし、「ア・プリオリな綜合判断のさいには経験というこの補助手段は徹頭徹尾欠けている」からこそ、われわれは困難に直面しているというわけです。

生起するすべてのものはその原因をもつという命題を取りあげてみよう。生起する或るものについての概念において、なるほど私は、このものが現に存在していて、それ以前に或る時間が先行しているということなどを思考し、このことから分析的判断が引きだされはする。しかし、原因という概念は生起するものとは異なった或るものを指示し、だからこの後者の表象のうちにはいっしょに含まれては全然いない。（一〇五頁）

ここは、第二版で細かに書き加えた箇所〔一〕が数々ありますが、論述の運びの点ではあまり意味がありませんから、すべて無視します。ただし、カントを相当読み込んでいる人以外は戸惑いを覚えるかもしれない。

というのも、「生起するもの」と「原因」との関係がよくわからないだろうからです。言いかえれば、カントが「生起するもの」を疑いなく直接与えられたものとみなしながら、その「原因」は「生起するものとは異なった或るものを指示し、だからこの後者の表象のうちにはいっしょに含まれては全然いない」と言っていること、その当然のような両者の区別がわからないかもしれない。

この疑問にも一理あります。というのは、カントは「原因」という概念を、現在生起していることではなく、それをひき起こしている「それ以前の状態」と考えているからです。例えば、玉突きの球Aが静止しているBに当たってBが運動し始めるとき、Aの状態Z_1が運動しているBの状態Z_2の原因なのです。しかし、これとは別に、運動法則を原因とみなしてもいいですよね。その場合、いまBの状態が「生起しているもの」ですが、まさにその中を貫通して「原因」としての運動法則が含まれているとも考えられる。

他の例を出しますと、私がコップを手から放したら、コンクリートの床に落ちて割れた場合、「生起していること」である「コップが割れた」ことの原因は、「私がコップを手から放した」こととみなすことも、「重力」とみなすこともできますね。

カントは原因を前者の意味でのみ使用していて、さらに過去はすでに消えているとみなしている——これはヒュームの線。こうしたことから、原因はカントにとって疑いなく、「生起するもの」とは異なった或るもの」なのです。

いったいいかにして私は、総じて生起するものについて、それとはまったく異なった或るものを陳述し、だから諸原因という概念を、たとえ生起するもののうちには含まれていないにせよ、それにもかかわらず、それに属するものとして認識するにいたるのであろうか?　（一〇五頁）

これも同じ問いです。「生起するもののうちには含まれていないにせよ、それにもかかわらず、それに属するものとして認識する」とは微妙な言い方ですが。この認識はXを介して初めてなされるのであって、そのXこそが「因果性のカテゴリー」だというわけです。

ところで、カントを相当知っている人は、かえって次のところ、すなわち「このもの〔生起するもの〕が現に存在していて、それ以前に或る時間が先行しているということ」から、「分析的判断が引き出され」る、という箇所に戸惑うのではないでしょうか？　分析的判断は、論理学上の同一律、矛盾律、排中律に限らず、ただ主語概念のなかに述語概念が含まれているような判断というだけですから、もっと「ゆるい」ものなのです。

それにしても、ある生起するものが「現に存在している」こと（主語概念）に、「先行する時間（過去）」が存在すること（述語概念）が分析的に含まれている、という主張は驚くべきものに思われます。どうでしょうか？　カントにとって現在が存在するためには、前の時間（過去）が存在することは分析的判断なのですが、現在の現象の前の時間における何らかの「原因」となる現象は綜合的判断なのです。このことを理解するためには、カントの文章を、想像力や推理力を逞しくして（？）読み込まねばならないようですね。

悟性が、Aという概念の外に、この概念とは無縁ではあるが、（それにもかかわらず、この概念と結びつけられている）述語をみつけだすと信ずるとき、悟性がそれにたよるあのXは、この場合なんであろうか？　それは経験ではありえない。（一〇五―一〇六頁）

これまでの論旨を追っていくと、「重さ」の場合、「（その）物体は重い」という経験的判断が真である場合、主語と述語を結ぶ「X」は「経験」なのであり、カントによると、ここにはいかなる疑問もありません。

しかし、運動している玉突きの球Aが、静止している球Bに衝突して「Aの状態（運動量）」が消滅し、「Bの状態（運動量）」を生じさせるとき、「原因としてのAの状態」（主語）の中に、「結果としてのBの状態」（述語）は含まれていない。しかも、これらを結ぶ「X」は「経験」ではない。とすると、それは何であろうか？　カントは、ここでこう問いかけているのであって、カントをある程度学んだ人には、ここで彼がすべての問いを、「ア・プリオリな綜合的判断はいかにして可能か？」という問いの方向に収斂させようと目論んでいることが、手に取るようにわかるでしょう？

さらに、カントはここで「悟性がそれにたよるあのX」と書いているのですから、すでに「因果律のカテゴリー」を目指していること、すなわちその場合、「X」は神でも経験でもなく――幾何学の場合は空間、算術の場合は時間ですが――、あとは、理性（悟性）にしか行き場がないという考えが先取りされています。

もちろん、（とくに）①現代の科学哲学的観点から、また②「因果律」という概念の広い意味という観点から、玉突きの球の衝突とニュートンの運動方程式という、きわめて限定されたモデルを普遍化しているカントの議論をいくらでも批判できますが、むしろここでは、カントがなぜ、「このような因果律」にこだわったのか、という観点からすべてを見直すという道をとろうと思います――つまり、超越論的観念論における因果律の意味（位置、役割）と、因果律という概念の「正しい？」意味とは別のことなのです。

ここまで居直ったので、おおよその私の「カントに対する態度」を示しておきますと、カントが「因果律」において問題にしているのは、因果関係それ自体というよりむしろ、「一つの経験（客観世界）の基本的秩序を未来（永劫？）にわたって保証するもの」だと思います。カントは、ヒュームのように個々の現象間の因果関係にはほとんど興味がなく、ニュートンの運動法則が典型的なモデルであるような「自然の斉一性（Uniformity of Nature）」を求めている。ですから、因果関係は一つの系列になるものでなければならず、しかも未来（永劫？）にわたって変わらないものでなければならない。

しかし、経験的観測に基づくニュートンの運動法則それ自身が「X」だとは――そう言いたいことはやまやまながら？――言えないので、むしろニュートンの運動法則を支えるような原理（因果律のカテゴリー）、という一段上のレベルに探究の目を向けたのでしょう。

こう決めてかかることにも批判はあると思いますが、「因果律」という広漠たる森林に非武装で足を踏み入れると、迷子になること――出られなくなること――必定なので、迷いそうになったらいつも一点を見据えて歩くために、参考までに一つの読み方を示したまでです。

さて、説明が長くなりましたが、じつはここでの引用部分は、カントがこれまで何らかのかたちで表明していた内容を繰り返すだけですので、解説はあまり必要ないと見込んでのことです。

というのは、生起するすべてのものはその原因をもつという前記の原則は、経験が供給しうるよりいっそう大きな普遍性をもってのみならず、必然性の表現をももって、したがって全面的にア・プリオリに、またたんなる概念から、原因という第二の表象を生起するものという第一のそれに付加するからである。

（一〇六頁）

カントの議論の進め方はちょっと変わっていて、原因と結果の関係とはストレートに言ってくれない。そうではなくて、「生起するすべてのものはその原因をもつ」と表現する。そしてこれに、「普遍性、必然性」、すなわち「ア・プリオリ」という性格を付与する。そのうえで、「生起するもの」という「第一の表象」に「原因」という第二の表象」が「付加」される、という問題の立て方をするのです。

「いっそう大きな普遍性をもってのみならず、必然性の表現をもって、したがって全面的にア・プリオリに、またたんなる概念から」というのは、普遍性、必然性、ア・プリオリ性は経験の「うち」には見いだされず、「たんなる概念から」由来する、ということの表明です。前にも言いましたが、「たんなる概念」の「たんなる」のドイツ語は"bloss"であって、「概念以外ではない」という意味であって、「もっぱら」と訳したほうが原意に沿っているでしょう。

さて、こうして因果律の問題は、普遍的であって必然的、すなわちア・プリオリな一つの客観的世界の一通りの「接着剤」の問題として登場してくる。

ところで、そうした綜合的原則に、言いかえれば拡張原則に、私たちのア・プリオリな思弁的認識の全究極意図がもとづいている。なぜなら、分析的原則は、なるほどこのうえなく重要で必要ではあるが、しかしそれは、その諸概念の判明性に達するためにだけであって、そのような判明性は、真に新しい開拓としての、確実で拡大された綜合のためにこそ要求されるものであるからである。

（一〇六―一〇七頁）

綜合的判断における述語概念（結果）は、主語概念（原因）に含まれていないのですから、「原因としてのUは結果としてのWをひき起こす」という判断は、われわれの認識を「主語概念から述語概念へと」拡張する判断、しかもア・プリオリに拡張する判断だというわけです。具体的にいえば、「これまで」の世界の――ニュートンの運動法則を支えるような――基本的秩序が、「これから」も「斉一性」をもって、しかもア・プリオリに保たれるような判断（のみ）を、カントは念頭においているのです。

7 「カテゴリー」の隠された意味？

こうしてカントは、ア・プリオリな綜合的判断一般の完璧な規定を求めるのですが、それがすなわち経験の範囲を定めるということ、そこに認識を限ることであり、すなわち「批判」の根幹であるわけです。

それゆえ、ここには或る種の秘密が隠されているのであって、* この秘密を開くことのみが、純粋悟性認識の果《はて》しない分野における進歩を、確実で信頼しうるものたらしめうる。すなわち、それは、然るべき普遍性でもってア・プリオリな綜合的判断の可能性の根拠を発見し、そうした綜合的判断のそれぞれの種を可能ならしめる諸条件を洞察し、こうした全認識（これがそれらの種自身の類をなす）を、その根源的な源泉、区分、範囲、および限界にしたがって、一つの体系のうちで、粗略な輪郭によって描くのではなく、完璧に、またあらゆる使用に対して不足なく規定することにほかならない。さしあたって、総合的判断がそれ自体でもっている特有な点については、

これだけにしておく。（一〇七―一〇八頁）

文章に熱がこもっていて、まさにここが「批判」の正念場だという感じです。「(ア・プリオリな)綜合的判断のそれぞれの種を可能ならしめる諸条件」というのは「X」であり、後のカントのタームを使えば、「経験の可能性の諸条件」に当たる。すなわちカテゴリーの「種」に応じた、ア・プリオリな綜合的判断の全体が「類」になるような完全な表を作成することが、――憲法発布のように？――厳かに宣言されている。

この箇所の字面からはこういう意味が汲み取られますが、「(ア・プリオリな)綜合的判断のそれぞれの種を可能ならしめる」完全な表とは言っても、じつは具体的にカントが取り上げているア・プリオリな綜合的判断の「種」は、幾何学図形と算術――合わせて「量」のカテゴリー――、それに因果律――「関係」のカテゴリー――であって、そのほかは考慮していない。

これまで繰り返し論じられた、「物体は重さがある」は経験的綜合判断ですから、本書の最も主要なテーマからは逸れていき、前に述べたように、その場合の「X」は「経験」ですから、その場で直ちに真偽が決定できるので、とくに問題はないのです。

これに対して、ア・プリオリな綜合的判断の中核を占めるのは、まさに因果律であって、カントにとって経験の範囲を定めるとは、因果律の(正しい)適用範囲を定めることにほかならず、それがすなわち、そこから因果律の――第一原因などの――誤った使用を排除することにほかならない。『純粋理性批判』では、この操作が「超越論的分析論」の終わり――「超越論的原則論」の終わり――まで続きます。

とすると、このカテゴリー表はアリストテレスのカテゴリー表を取捨選択したものですが、カント自身、「……私たちの意図が、たとえその遂行においてはアリストテレスの意図とははなはだしく異なっているにせよ……」（二一三頁）と自覚している。それは——ニュートン力学を支えるような——客観的世界の実在性を保証するものを選択していると言ってよく、さらには、「ア・プリオリな綜合的判断はいかにして可能か？」という問いに答えうるような項目を選んでいる、と言っていいのではないかと思います。

＊　この問題をわずかなりとも提出することが、昔の人々の誰か一人にでも着想されていたとすれば、ひとりこの問題だけが、現代にいたるまでの純粋理性のあらゆる体系に強力に抵抗してきたであろうし、だから、もともと何を問題にすべきであるかを知らずに、盲目的にくわだてられたところの、これほど多くの虚しい試みは、なされずにすんだことであろう。（一〇八頁）

この箇所の文意が判然としないのは、「ひとりこの問題だけが」という訳が適切ではないからであって、「問題（die Frage）」に「ひとり」という限定の副詞が掛かるのもおかしなことです。そこで、「この問題」とは何かですが、この注（＊）は「ここには或る種の秘密が隠されているのであって」につついているものです。その後の論述からして、その「秘密」がア・プリオリな綜合的判断であることは確かなので、例えば次のように訳したらどうでしょうか？

この問題をわずかなりとも提出することが、昔の人々の誰か一人にでも着想されていたとすれば、この問題はそれだけでも（allein）、現代に至るまでの純粋理性のあらゆる体系に強力に抵抗してきたであろうし……。

第七章　数学・物理学という綜合的判断

1　数学的（算術の）判断

さて、ここまでは上段（第一版）なのですが、第一版ではここで「序論」は終わっています。しかし、下段（第二版）はその後えんえんと続いている。そこで、読者を少々混乱させるようで心苦しいのですが、次にまだ解説していない第二版の残りの部分に入りますが、それは、下段の一〇七頁、「V　理性のすべての理論的学のうちにはア・プリオリな綜合的判断が原理として含まれている」という標題の部分からです。ここから、えんえんこの書の一三〇頁まで、第二版で書き加えたところが続きます。

I　数学的判断はことごとく綜合的である。この命題は、たとえ抗弁する余地なく確実であり、その帰結においてきわめて重要であるにせよ、人間的理性の分析家たちにこれまで注意されなかったし、それどころかあらゆる彼らの推測と真向から対立しているように思われる。というのは、数学者たちの推論はすべて矛盾の原則にしたがって進められるということ（このことをあらゆる確然的確実性の本性は要求する）がわかったゆえ、数学の諸原則もまた矛盾の原理にもとづいて認識されるものと思いこんだからである。　（一〇八頁）

まず注意すると、ここで「数学」とは「算術」を意味し、後に（一一二頁）「幾何学」が出てきますから、それを含むものではなく、それと並ぶものであることがわかります。カントの主張は、算術は矛盾律にのみ従う分析的判断ではなく、ア・プリオリな綜合的判断であるということですが、後に長々と実例に則して説明しているので、ここではこれだけに留めましょう。

この点に彼らの誤りがあった。なぜなら、綜合的判断はもちろん矛盾の原理にしたがって洞察されうるが、しかしそれは、その命題がそれにもとづいて推論されうる別の綜合的命題が前提されているというふうにしてのみであって、けっしてそれ自体そのものにおいてではないからである。

（一〇八頁）

この箇所は、新しい主張です。後の実例からよりはっきりしますが、カントは簡単な算術（しかも加法）を念頭においていて、加法演算において A+B=C の左辺（主語）と右辺（述語）が同一であるのは、概念だけによって決まるわけではなく、概念の「そと」すなわち「(純粋) 直観」へと出なければならない、と考える。

よって、A+B=C が一見、分析的——概念のレベルの矛盾律だけから決まる——であるように思われるのは、「その命題がそれにもとづいて推論されうる別の綜合的命題が前提されている」からである。「前提されている」のは、「自然数の体系」のようなものと考えたくなりますが、そういう方向ではない。例えば 1+1=2 が真である根拠（理由）は、1や2という数や「+」という記号の「うち」にはないということです。それが真であることは、「(純粋)直観」を前提しているということなのですが、これに関しては、このすぐあとでカントが具体例を論じていますから、そこで検討することにしましょう。

まずもって注意されなければならないのは、本来の数学的命題はいつでもア・プリオリな綜合的判断であって、経験的ではないということである。というのは、数学的命題は、経験からは推定されえない必然性をおびているからである。しかし、このことを認めようとしないなら、よろしい、私は私の命題を純粋数学に限るが、純粋数学という概念は、それが経験的認識を含むものではなく、ア・プリオリな純粋認識のみを含むものであるということを、すでに必然的に伴っているのである。（一〇九頁）

ここで、カントは話題を転じ、数学（算術）は――イギリス経験論者の主張するように――経験的命題ではなく、ア・プリオリな命題である、ということですが、さしあたり何の証明もしていない。そして次から、具体的に事例に沿ってのカントの説明があります。とはいえ、ここではカントの問題提起だけを見て終わらざるをえません。

人は最初はなるほどこう考えるかもしれない、7+5=12という命題は一つのたんに分析的な命題であって、この命題は7と5の和という概念から矛盾の原理にしたがって生ずると。しかしながら、もっと立ち入って考察するなら、7と5の和という概念は、これら二つの数を結びつけて或る一つの数にするということ以上の何ものをも含んではおらず、このことによって、これら二つの数をいっしょにするその一つの数がいかなるものであるのかは、全然思考されていないということがわかる。

（一〇九―一一〇頁）

これだけのことですが、カントによって取り上げられた、この7+5=12の加算は、哲学界ではとても有名なものです――『テアイテトス』にもありますが。しかし、カントの説明をすなおに読むと、ほとんどの人が変だなあと思うのではないでしょうか？

しかし、じつはそんなに変でもない――かもしれない。というのも、数の体系を学んでしまうと、左辺（7+5）から右辺（12）があたかも分析的に出てくるかのような気がするけれども、それを「学ぶとき」に何をしているのかと反省してみると、われわれは決して概念を直観から切り離して理解しているのではないのです。

だいたいこういう方向に論述は進みます。残念ながら、ここは以上のような問題提起だけで終えることにします。

2　7+5=12

12という概念は、私がたんに7と5のあの結合を考えることによって、すでに思考されているのでは断じてなく、だから、私がそうした可能的な和についての私の概念をどれほど分析してみた

ところで、私はこの概念のうちに12を見いだすことはないであろう。（一一〇頁）

その理由は次に書いてあるのですが、カントは「7+5」という主語概念を分解（分析）すれば、おのずと「12」という述語概念が出てくるわけではない、と言いたい。前にもちょっと触れましたが、もちろん「自然数論」という概念体系を前提すれば、「7+5」から「12」は出てきます――いちおう十進法は前提する。

しかし、カントは――幾何学の場合に、ユークリッドの公理系を前提しないように――自然数の体系を前提せずに、はじめて「7+5」から「12」を導く場合に、「われわれは実際、何をしているのか」という問いを出しているように思われる。

すなわちカントは、プラトンが『メノン』（藤沢令夫訳、岩波文庫、一九九四年）において、少年に初めてピュタゴラスの定理を教える場面と同様の場面を想定しているようなのです。つまり、まったくユークリッド幾何学を知らず、正当な言語能力と正当な知覚能力を備えた少年が、ただ地面に指示通りに順に線を引くだけで「わかる」という想定です。

ここまで準備して次に進みましょう。途中、切ることができないので、いちおうの説明の終わりまで引用します。

人は、二つの数のうちの一つに対応する直観、たとえば自分の五本の指、あるいは（ゼーグナーがその『算術』のなかでやっているように）五つの点を助けとし、かくして、この直観において与えられた五つの単位を、次々と、7という概念に付加することによって、7と5というこれらの概念を越えて出てゆかなければならない。なぜなら、私はまず7という数を取りあげ、それから、5という概念の代わりに直観としての私の手の指の助けを借りることによって、5という数をつくるために私があらかじめ集めた単位を、こんどは五本の指というあの私の形象を手がかりに次々と7という数に加えてゆけば、12という数が生ずるのがわかる。7が5に加えられるべきであるということを、私はなるほど 7+5 という和の概念において思考してはいたが、しかしこの和が12という数に等しいということは、思考してはいなかった。（二一〇—二一一頁）

読んでいくと、どうも指の数え方に関しても制限をつけているようであり、「12」ですから両手の指の数では不足ですが、カントが想定する「実験」は、被験者の少年Aは、あらかじめ「自然数の順序」を知っている——数えられる——が、「加法」は知らず、それに指を対応させていって加法を習得する、という話のように思われます。

つまり、はじめからAは「1, 2, 3……」と数えながら指を折るのであれば、数と指を一対一に対応させて「12」に至ることができるのですが、まず指を七回折り、次に五回折って——「10」を過ぎたら繰り返す——、指が二本折られている結果を見てはじめて「12」とわかる。

その場合、Aは、この操作のよってえられた「12」が、「1」から指と数とを一対一に対応させて「12」に至るのと同じ結果であることを理解する。しかも、この方法は指でなくとも何らかの直観的対応物によってでき、かついかなる加法にも適用できる。よって、7+5=12 はア・プリオリな綜合的判断なのです。

3 「数」を理解するということ

もう少し踏み込んでみると、少年Aは「数えること」だけはできるが、あとはできないとすると、「自然数」とは何かを知らないとも言える。「自然数」とは何かを知っているとは、「数える」ことのみならず、ある数にある数を足す、あるいはある数からある数を減じるといかなる数になるか、ある数にある数を掛けるといかなる数になるか、ある数をある数で割るといかなる数になるかのすべて、すなわちこれらの演算における数の振舞い方を知っているということです。

ちょうど三角形とは何かを知っているとは、「三つの角からなる図形」という定義を唱えることができるのみならず、それに適当な作図をして、そのあらゆる性質を引き出すやり方を知っていることであるのと同じように。

それゆえ、算術的命題はいつでも綜合的である。このことは、何かいっそう大きな数をとってみれば、ますます判然と理解される。それというのも、そうした場合には、私たちがそれらの大きな数についての私たちの諸概念をどのようにひねくり廻したところで、私たちは、直観の助けを借りることなしに、それらの諸概念のたんなる分析を介してでは、その和をけっして見いだしえないであろうからである。

（一一一－一一二頁）

この箇所には、かえって反発を感じる人もいるでしょう。簡単な算術には「指を折る」などの直観が必要ですが、1897+5941 のような大きな数の加法は、むしろ簡単な算術を通してえられた1の位の加法を繰り返し用いて、直接の直観によらずに規則を適用するだけで計算しているからです。

しかし、ここでベルクソンの指摘に注目してみましょう。彼は自然数の理解には、やはり外延量としての空間（直観）が必要だと考える。例えば、「1万＋1万」という計算に、われわれが困難を感じないのは、1万の砂粒と1万の砂粒を数えて加えるのではなく、「1万」という概念をある延長単位としてとらえれば、それは「1」をある延長単位としてとらえることと変わりはない。よって、1+1と同じほど簡単に計算できるというのです（『意識に直接与えられたものについての試論』合田正人・平井靖史訳、ちくま学芸文庫、二〇〇二年）。卓見だと思いませんか？

これに対して、フレーゲやラッセル等のいわゆる「論理主義」は、算術を論理学に還元できると考え、数の理解には「数える」という体験を必要としないとみなす。算術は、自然数という概念の体系の理解だけから成り立っているのであって、Aがあらゆる四則計算を正しく計算できることをもって、Aは自然数を完全に理解したというわけです。

しかし、そうでしょうか？　これは、「数を理解した」とはいかなることかに関わる根本問題ですが、例えば、Aはいかなる難しい四則計算でも正解に達することができるのですが、眼前のリンゴを「数えられない」とすると、やはり彼は「自然数」を理解できていないとも言えるのではないでしょうか？

さて、これくらいにして、カントにとって「数を理解している」とは、その具体的適用（数える）まで至らなければならない、という考えであることは確かであり、これは彼の言うア・プリオリな綜合的判断一般に当てはまります。

4　「直線」の概念

次に幾何学の場合に移りますが、カントがここで挙げるのは「直線」という概念の理解（だけ）です。

> 同様に、純粋幾何学のなんらかの原則も分析的ではない。直線は二点間の最短距離であるというのは、一つの綜合的命題である。なぜなら、直線についての私の概念は、なんら量を含まず、ただ質を含むにすぎないからである。それゆえ、最短という概念は全面的に付加されるのであり、だからいかなる分析によっても直線という概念からは引きだされることはできない。それゆえここでは直観の助けを借りなければならず、その助けを介してのみ綜合は可能となるのである。
>
> （一一二―一一三頁）

まず、ひっかかるかもしれませんが、「直線についての私の概念は、なんら量を含まず、ただ質を含むにすぎない」という命題における「質」とは、純粋直観であって、幅がないということでしょう。そのうえで考えてみるに、「直線は二点間の最短距離である」が綜合的命題であるということは、すんなりわかる。「最短」かどうかは、思考してもわからず、直線を「引いてみなければ」わからないのです。では、「引いてみて」、なぜそれが「最短」とわかるのか？　カントは答えていませんが、「直接見て取る」というデカルトからフッサールまでの「主流派？」の答えが、やはり一番説得力があるでしょう。

次の箇所は読解するのに、なかなか骨が折れます。

> 幾何学者が前提するいくつかの少数の諸原則は、なるほど実際に分析的であり、矛盾の原理にも

とづいている。しかし、それらの諸原則は、同一の原理と同様、ただ方法の連鎖にだけ役立つのであって、原理として役立つのではなく、たとえば a=a, すなわち、全体はおのれ自身に等しいとか、あるいは（a+b）>a, すなわち、全体はその部分より大きいとかが、それである。だが、これらの原則自身でさえ、たとえそれらはたんなる概念にしたがって妥当するにせよ、それらの原則が直観において描出されうるがゆえにのみ、数学において許されるのである。（一一三頁）

ここに挙げられた二つの命題、「全体はおのれ自身に等しい」と「全体は部分より大きい」は、「直線は二点間の最短距離である」という命題より、さらに分析的判断に近い印象を与える、とカントは考えているようです。それにしても、「なるほど実際に分析的であり、矛盾の原理にもとづいている。しかし……」というつながりで何を言いたいのかがよくわからない。ずっと辿っていくと、「たとえそれらはたんなる概念にしたがって妥当するにせよ、それらの原則が直観において描出されうるがゆえにのみ、数学において許される」という不思議な――不可解な――結論になっています。

そこで、かなりの読み込みをしますと、右の両命題は、「あたかもたんなる概念に従って妥当するかのような分析的判断」なのですが、じつは「直観において描出されうる」ことが条件となっている、と解せる。

両命題は、幾何学図形の場合のように空間という純粋直観を介する限り、「原理」となるのですが、そうではなく、例えば「神＝神」とか、「魂の全体は部分より大きい」と言ったとしても、これらは直観を介さないゆえに、単なる「方法の連鎖〔概念と概念の関係〕に役立つ」にすぎないのであって、認識のための「原理」ではない、ということでしょうか？

すなわち、同一律（X＝X）や矛盾律（～（Xかつ～X））は、Xに何を入れても成り立ちますが、といってそのすべてが分析的「判断」であるわけではなく、やはりXに入るものが、「直観によって描出されうるもの」でなければならないということ。

それにしても「方法の連結（Kette der Methode）」って何でしょうね？　誰かわかる人いたら、教えてください。というわけで、いろいろ疑問も残りますが、次に進みます。

この場合、あたかも、そうした確然的判断の述語がすでに私たちの概念のうちにひそんでおり、それゆえその判断が分析的であるかのように、私たちを一般に信じこませるものは、たんに表現の曖昧さにすぎない。つまり、私たちは或る与えられた概念に或る種の述語を思考し加えるべきであり、だからこの必然性はすでにそれらの概念に付着しているのである。（一一三―一一四頁）

ここに至ってカントははっきり、「あたかも……分析的であるかのように」とか、「私たちを一般に信じこませる」と言っていますので、右の引用箇所を「あたかも、たんなる概念に従って妥当するかのような分析的判断」と読んでよかった、とここでやっと安堵の息がつけます。

しかし、その後の表現も漠然としていて、カントは「表現の曖昧さにすぎない」と言うだけですが、われわれが実際なしていることは、「主語概念のうちに述語概念を導けるような他の概念をあらかじめ含ませてしまい、その後で主語概念から述語概念を導いたつもりになっている」ということでしょう。

その後に書いてあることは、まさにこのことですが、「与えられた概念に或る種の述語を思考し加えるべき」、この「べき」はさきほどの「7が5に加えられるべきである」（一一一頁）の「べき」に通じている。すなわち、あたかも分析判断から導かれる「べき」であるように、もともと主語概念の中にはなかったある概念を、あらかじめ主語概念の中に含ませてしまう、ということ。この後で、カントはこの意味の「べき」に無性にこだわっています。

そして、ここまでしつこくカントの文章を噛み砕いておくと、次の苛々するほど切れ味の悪い文章も明確にわかってしまうのですから、不思議です。

しかし問題は、何を私たちは与えられた概念に思考し加えるべきであるのかということではなく、たとえ漠然とではあるにせよ、何を私たちは現実にその概念において思考しているのかということであり、だからそのときには、述語はそれらの概念になるほど必然的に結びついてはいるが、しかしその概念自身において思考されたものとしてではなく、その概念に付加されざるをえない直観を介してであるということが、明らかである。（一一四―一一五頁）

いま問題になっているのは、「何を私たちは与えられた概念に〔外から述語が導かれるように〕思考し加えるべきであるのかということではなく、……何を私たちは現実に〔そこから述語が分析的に導かれることを忘れて、真に〕その概念において思考しているのか」なのです。

前者の場合は、「述語はそれらの概念になるほど〔あらかじめ必然的に導けるように操作したから〕必然的に結びついてはいるが、しかしその概念自身において思考されたものとしてではなく、その概念に付加されざるをえない〔概念の外の〕直観を介してである」。

よって「神＝神」は「直観を介して」いないので、分析的判断であるかのようにみえるがそうではない――そもそも判断ではない。

ここで、先の「直線は二点間の最短距離である」という命題をふたたび取り上げてみると、あらかじめ「直線」という概念に「二点間の最短距離」という概念を含ませておき、そこからあたかも分析的であるかのように「二点間の最短距離」を導き出しているから、これも分析的判断ではない――こちらは綜合的判断。

以上、算術と幾何学に則してア・プリオリな綜合的判断とは何かを見てきましたが、厳密そうでいて穴だらけという印象ではないでしょうか？　数論に関しては、7+5=12という簡単な算術しか挙げていないし、幾何学に関しても、「直線は二点間の最短距離」という命題しか挙げていない。これら二つの例だけをもって、数学におけるア・プリオリな綜合的判断とは何かをわかれ、というのはほとんど暴挙と言っていいでしょう。

ですが、カントはこれで数学をおしまいにし、次に物理学に目を転じます。

＊　補足「方法の連鎖」と確然的判断

まず、「方法の連鎖」に関しては、Fさんが「イエッシュの論理学」や『プロレゴメナ』などいろいろの文献を調べて、じつに正確かつ詳細な意味を教えてくれました。結局は、直観に支えられていない概念だけの「連鎖」ですが、とくにマイナスの意味はなく、カントが挙げている例を想い起こすと、(a+b)>a という「連鎖」は、数学や物理学の場合のみならず、神や魂にも使えますから、概念と概念との関係である限り矛盾ではないけれど、「〔認識を与える〕原理」ではない、ということになりそうです。

また同じFさんから、原則論の「直観の公理」においては「二点間には一本の直線だけが可能である」(原佑訳、上三六六頁)が「公理」になっている、という指摘がありました。これは、いろいろ考えられますが、「公理」と言っても、それ自体が――分析的判断ではなくて――綜合的判断であるとみなすことはできます。

ただ、「原則論」はすでに「図式論」を経て、直観との対応を前提にした"Grundsatz"(原則=基本命題)を扱っているので、「公理」として認めているのでしょう。カントが「直観の公理」で扱っているもう一つの「公理」は、「二直線ではいかなる空間をも囲みえない」(同右、上三六六頁)ですが、これらを参照するに、「直線は二点間の最短距離である」も「公理」に加えていいようです。

しかし、ここ「序論」では、ただこの判断が分析的判断ではなくて綜合的判断だと言っているだけですから、「直観の公理」の論述と矛盾はしないでしょう。

さらにもう一つ、補足をしておきます。それは、次の引用部分です。

> この場合、あたかも、そうした確然的判断の述語がすでに私たちの概念のうちにひそんでおり、それゆえその判断が分析的であるかのように、私たちを一般に信じこませるものは、たんに表現の曖昧さにすぎない。
>
> (同、上一一三―一一四頁)

この引用文における「確然的判断（apodiktisches Urteil）」ですが、これは、「カテゴリーの形而上学的演繹」の判断表の中の「様相」に（同、上二一二頁）出てきます。これに対して、様相のカテゴリーは「必然的（notwendig）」となっている（同、上二二四頁）。すなわち、カントは論理的必然性を、ラテン語を使って“apodiktisch”と呼び、（因果律など）自然の必然性を、ドイツ語を使って“notwendig”として区別しているのですが、「確然的判断（apodiktisch）」という「表現の曖昧さ」が、あたかも「その判断が分析的であるかのように、私たちを一般に信じこませる」ということです。

5　物理学の原理

2　自然科学（物理学）は、ア・プリオリな綜合的判断を原理としてそれ自身のうちに含んでいる。

私は二・三の命題だけを実例として挙げようと思う。たとえば、物体的世界のあらゆる変化においては物質の量はあくまで不変であるという命題とか、運動のあらゆる伝達においては作用と反作用とはいつでもたがいに等しくなければならないという命題とかが、それである。

（一一五頁）

いきなり、カントはこう宣言しますが、多くの読者は戸惑いを覚えるのではないでしょうか？「物体的世界のあらゆる変化においては物質の量はあくまで不変」、これは古典力学において「質量保存の法則」と言われているものですが、なぜこれがア・プリオリな綜合的判断なのか、観察結果から導いた経験的判断ではないのか、という疑問はすぐに湧き上がるでしょう。ただし、作用・反作用の法則は、たしかにア・プリオリなのです。というのも、これをカントはニュートンの運動法則とはまったく異なった意味で使っているからです。

長くなりますから、なるべくはしょって言うと、静止している座標系Aとそれに対して v_1 の速度で等速直線運動している座標系Bが与えられているとき、物体KがBにおいて速度が v_2 であれば、Aにおいては、v_1+v_2 となる。そして、カントは運動量 mv を力と考えていましたから、Kの運動量（力）は m（v_1+v_2）となる。

しかし、たがいに等速直線運動をするAとBは等価ですから（デカルトの相対性原理）、以上は、Bを静止しているとみなし、今度はAがBに対して $-v_1$ で等速直線運動すると考えても同じであり、その場合KはAにおいて -m（v_1+v_2）という運動量をもって反対方行に運動しているとみなせる。よって、作用 m（v_1+v_2）はベクトルだけ逆で、反作用 -m（v_1+v_2）に等しい。

この場合、物体Kの運動はただ一つであり、それが座標系のとり方で二通りに記述できるだけですから、経験によらない、という意味でたしかにア・プリオリですね。

6 質量保存の法則と作用・反作用の法則

これら両命題では、必然性、したがってそれらのア・プリオリな起源が明瞭であるのみならず、それらが綜合的命題であるということもまた明瞭である。なぜなら、物質という概念において私が考えるのは、持続性ではなく、物質が空間を充たすことによって空間のうちに現在しているということにすぎないからである。

（一一五―一一六頁）

前に、おかしななところで切ってしまいましたので、「両命題」とは何かをもう一度確認すると、「物体的世界のあらゆる変化においては物質の量はあくまで不変であるという命題〔質量保存の法則〕とか、運動のあらゆる伝達においては作用と反作用とはいつでもたがいに等しくなければならないという命題〔作用・反作用の法則〕」です。そして、両命題がア・プリオリな綜合的判断であることは、次の理由によって明瞭なのです。

それゆえ私は、私が物質という概念において思考しなかった或るものを、この概念にア・プリオリに思考し加えるためには、実際にこの物質という概念を超え出てゆく。それゆえあの命題は、分析的ではなく、綜合的であるが、それにもかかわらずア・プリオリに思考されており、自然科学の純粋部門の残余の諸命題においても同様である。

（一一八頁）

さて、先には作用・反作用の法則についてのカントの見解を紹介し、それがア・プリオリであることを示しましたが、質量保存の法則においては、ただ疑問を呈しただけでした。

しかし、なぜ、「物質という概念において私が考えるのは、持続性ではなく、物質が空間を充たすことによって空間のうちに現在しているということにすぎない」ということだけから、質量保存の法則がア・プリオリな綜合的判断であることが「明瞭に」に導かれるのでしょうか？　これは、カントが前提している多くの「ものの見方」によって支えられていますが、これをここでの「課題」にしましょう。

さらに、これによって一挙に、「自然科学の純粋部門の残余の諸命題においても同様である」とまで言えるのは不思議な気がしますが、これも余裕のある人——だけでいいです——は考えておいてください。

対話11

じつのところ、これは課題にするにはふさわしくなかったことがわかりました。それは、超越論的観念論の最も根幹をなす「不備」ないし「弱み」に関係するからであり、晩年になってカント自身が気づいたこと、すなわち「質料＝物質」の扱いに関することだからです。そこで、ここではこの課題の解説に半分（以上）を使おうと思います。

これら両命題では、必然性、したがってそれらのア・プリオリな起源が明瞭であるのみならず、それらが綜合的命題であることもまた明瞭である。なぜなら、物質という概念において私が考えるのは、持続性ではなく、物質が空間を充たすことによって空間のうちに現在して

いるということにすぎないからである。（一一五一―一六頁）

まず、この箇所を正確に理解することだけでも難しいでしょうね。カントは、「物質」を含む「経験一般」――具体的には物理学――には、ア・プリオリな綜合的判断が成立しているのですが、これが「物質という概念」自体からは出てこない、という宣言からスタートする。よって、物質に関するア・プリオリな綜合的判断の根拠は、「物質という概念」を超えたところに求めなければならない、と続きます。

このあたりはカント――の思い込み？――にそって理解しなければ全然わからなくなるので、何度も確認しますが、カントによると、「物質という概念」によってわれわれが思考するのは、「物質が空間を充たすことによって空間のうちに現在しているということにすぎない」のです。これだけでも疑問視していいのですが、この引用部分の解読には、とにかくここからスタートすることが要求される。

そして、同じア・プリオリな綜合的判断であっても、物質に関する物理学と、物質に関することはない幾何学とがいつも対比的に考えられている。すなわち、幾何学の場合でしたら、経験を可能にする純粋直観としての空間を前提すれば、それだけで「三角形の概念」は空間の上に作図できるのですが――これでも概念から直観に超え出ますから綜合的判断です――、これとは異なり、物理学の諸法則は、概念が与えられていて、それらを物質に充たされている経験的空間の上に作図すれば出てくるわけではない。

ここにカテゴリーの出番があり、純粋悟性概念であるカテゴリーを「経験一般」に適用することによって、経験という場においてア・プリオリな綜合的判断が成立するというわけですが、この場合、「物質」との連関はどうなっているのか？　すなわち、物資はカテゴリーに従うのでしょうか、それとも反抗するのでしょうか？　こう問うと、「従う」としなければ、カテゴリーの経験への適用という「超越論的演繹論」が成立する余地がなくなり、物理学におけるア・プリオリな綜合的判断が成立する余地がなくなる。しかし、この「前提」はどこから出てくるのでしょうか？

そう、どこからも出てこないのです。ここで行き止まりです。こうして、「カテゴリーと物質」との関係こそが、残された大問題となるわけで、これに晩年になってカント自身が気づいていたという先の話に繋がるわけです――カントは晩年の『オプス・ポストムム（遺稿集）』において、物質に潜む「質料的ア・プリオリ」を考えるようになる。

では、この連関にまったくの糸口もないのかと言えば、そうではなく、その糸口は先の引用文で抜かした、「物質という概念において私が考えるのは、持続性ではなく……」という箇所にぽろっと出ている。つまり、ここでカントは「物質が持続すること」はア・プリオリな綜合的判断であるはずなのに、これは「物質の概念」からは出てこないと言いたいのです。そして、「持続性」とは、具体的にはニュートンはじめ古典力学で前提されている「質量保存の法則」にほかならない。

このこと――質量保存の法則がア・プリオリな綜合的判断であること――の背景は、『純粋理性批判』第一版の刊行から五年後に刊行された『自然科学の形而上学的原理』（一七八六年。カント全集第一〇巻、高峯一愚訳、理想社、一九八八年）の「第三章　力学の形而上学的原理」をみるとよくわかります。そこにおいてカントは、ニュートンの運動法則――自体ではなく、そのカント的変形なのですが――を限りなくア・プリオリに近いものと考えている。以下、それらの法則の部分だけを羅列してみましょう。

力学の第一法則　物体的自然がどのように変化しても、物質量は全体としては増減せず、同一のままである。（カント全集第一〇巻、理想社、二九八頁）

力学の第二法則　物質の変化はすべて、外的原因を持つ。いかなる物体も外的原因によって現状を捨てるよう強制されないかぎり、静止あるいは同一方向を同一速度のままの運動状態に不変に項損する。（同書、三〇〇頁）

第三の力学法則　運動のあらゆる伝達において、作用を反作用は相互につねに等しい。（同書、三〇二頁）

これらカントによる「力学の法則」は、ニュートンの運動法則とかなり異なっています。第一に関しては、ニュートンでは慣性の法則であるのに、カントでは質量保存の法則であること。第二に関しては、ニュートンでは力と加速度の関係を表すいわゆる運動方程式であるのに、カントでは運動量の保存則になっていること――カントは力のディメンションをずっと運動量のディメンションと考えていた。そして、第三に関しては――すでに示したように――、ニュートンでは、力の性質としての作用・反作用の法則であるのに、カントでは速度の異なる並進運動する、座標系の間の相対的運動の法則となっていること。

いまは細部の考察には立ち入ることができませんが――興味ある人は、拙著『空間と身体――続カント解釈の冒険』（晃洋書房、二〇〇〇年）内の「4　身体に対する自然」を参照してください――、この段階でピンときた人もいるかもしれませんが、ニュートンと異なり、カントは質料保存の法則と因果律と作用・反作用の法則は、ただ一つのことを異なった角度から語っていると考えている。すなわち――作用・反作用については、すでに述べたので繰り返しませんが――、「物体的世界のあらゆる変化においては物質の量はあくまで不変であるという命題」（二〇一頁）は同時に因果律の命題でもあるのです。

カテゴリーとしての因果律が経験に適用されたものは、「原則論」における第三原則「経験の類推」ですが、その第一の類推は「諸現象のあらゆる転変にもかかわらず、実体は持続しており、だから実体の量は自然においては増大もしなければ減少もしない」（『純粋理性批判』第二版）（原佑訳、上三八九頁）となっていて、それはぴったり、「力学の形而上学的原理」における「第一の力学的法則」に重なっています。

よって、前に挙げた後半の課題、「それゆえあの命題は、分析的ではなく綜合的であるが、それにもかかわらずア・プリオリに思考されており、自然科学の純粋部門の残余の諸命題においても同様である」（この書二〇三頁）という箇所の解読ですが、以下のようになります。

持続性（力学の第一法則）のみならず、自然科学の純粋部門の残余の諸命題（すなわち力学の第二法則と第三の力学法則）においても、それらは分析的ではなく綜合的であるが、それにもかかわらずア・プリオリに思考されている。

以上がカテゴリーと物質の連関とをめぐる具体的事情ですが、それでもなお、「カントが考えていること」はわかったにしろ、根本において疑わしいという印象が残るのではないでしょうか？　質量保存の法則が「物質の概念」から導かれないとしても。なぜ、それは単なる経験的法則ではないのか、という疑問が浮上してくるからです。

こうして思索を重ね、ヒュームに反対して、なぜカントが執拗に因果律をア・プリオリと考えたのかの理由を考え直してみると、じつは質量保存の法則を強引に（？）ア・プリオリと考えるところに基づいているのではないか、因果律そのものよりもむしろ質量保存の法則こそ、彼が死守したかったことではないのか、ということがみえてきます。

因果律に関する第二の類推は、「すべての変化は原因と結果との連結の法則にしたがって生起する」（第二版）（上三九八頁）となっていて、これは「すべての現象には何らかの（自然）原因がなければならない」と読めてしまうのですが、そうだとすると、質量保存の法則が成り立たないような因果律も許容されることになり、最終的には無原因でなければ何でもよいことになってしまう。カントがこんなことを因果律の原則にするわけはないとすると、この第二の類推は第一の類推を前提して成り立っている、と考えるのが自然でしょう。

さて、これで問題は解決できたのでしょうか？　いや、じつはこう解したとしても、第一の類推、および力学の第一法則に述べられている質量保存の法則の「ア・プリオリ性」という根本的問題に関しては一歩も進んでいない。こうして思考をめぐらすと、カントには質量保存の法則が成り立たないような自然法則は考えられない、という確信があったのでしょう。そして、この確信をア・プリオリに成立させるような概念枠を考案した。それが、実体、因果律、作用・反作用からなる関係のカテゴリー――と形式としての空間・時間――なのです。

とはいえ、こういう仕方で貧しい舞台裏を明かすことは意外と面白くありませんので、もっとカントの思考に密着して考えてみますと、やはりカントの空間概念がユークリッド幾何学を外しては考えられないように、カントの経験概念はニュートン力学の成果を外しては考えられない、ということころに行き着くでしょう。

そしてその要《かなめ》に、「いかなる変化においても、変化の前と後とにおける質量は保存される」という法則――これは運動量、すなわち力の保存則でもある――が位置しているのであり、「可能な経験一般」、あるいは「一つの経験」とは、この保存則が成立する限りのものであることが前提されている。こう考えられると思います。

こうした視点から見直すと、カントが「超越論的演繹論」にあれほどてこずった理由もわかってきます。純粋悟性概念である実体や因果性から、物質に関する質量保存の法則を演繹（導出）できるわけはないからです。しかもそれが演繹（導出）できるとした瞬間に、カテゴリーの威力は物質をも支配することになりますが、あくまでも物質はわれわれに「与えられる」ものですから、この支配は単なる偶然となって、振り出しに戻ってしまいます。

以上、「質量保存の法則」にまつわる問題を洗いざらい――でもないですが――提起することによって、課題の解説に代えることにします。

第八章　形而上学のために

1　形而上学におけるア・プリオリな綜合的判断

3　形而上学のうちには、それが、これまではたんに試みられた学にすぎないものの、それにもかかわらず人間的理性の本性によって不可欠の学であると少しでもみなされているかぎり、ア・プリオリな綜合的認識が含まれているはずであり、だから形而上学がかかわるのは、私たちが諸物についてア・プリオリにつくる諸概念をたんに分析し、このことによって分析的に解明することでは全然なく、私たちは私たちのア・プリオリな認識を拡張しようとするのであるが、このためには私たちは、与えられた概念を越えて、その概念のうちには含まれていなかった或るものを付加するような、だから、ア・プリオリな綜合的判断によって、経験自身がそこまではおそらく私たちについてくることができないほど遠くへすら越え出てゆくような、そのような諸原則を利用しなければならない。

（二一六―一一七頁）

長いけれど、これで一つの文章です。「これまではたんに試みられた学にすぎない」というのは、ずっと前にありましたが、カントは自分以前には、すなわち「批判」を欠いた場合は――アリステレスも含めて——形而上学は成立していないと考えているからです。そしてカントは、この「たんに試みられた学にすぎない」形而上学においても、ア・プリオリな綜合的判断は「含まれているはず」だとする。その場合、「経験自身がそこまではおそらく私たちについてくることができないほど遠くへすら超え出てゆくような」領域にまで広がっていくのですが、それでも「諸原則を利用しなければならない」と考える。

これだけでは、何のことだかほとんどわからないのですが、これに続く次の文章によって、はじめてカントの意図がわかります。

たとえば、世界は或る最初の始まりをもっていなければならないなどという命題において、このことはみられ、かくして形而上学は、少なくともその目的からみて純然たるア・プリオリな諸綜合的命題から成っている。（二一七—二一八頁）

カントがここで考えている事例は、第一の二律背反の「定立」側の議論なのです。それは、世界は時間的に有限か無限かという二律背反において、「無限と仮定すると矛盾が生ずる」というかたちで有限であることを論証している。これは独断論の立場であって、まさに古典的形而上学の立場ですから、「形而上学においては」という出だしと辻褄が合っています。

問題は、ここに「ア・プリオリな綜合的認識が含まれているはずであり」と言っている点であって、ア・プリオリな綜合的判断は本来、経験の「うち」である認識の領域で成り立つのだから、と不思議に思うかもしれませんが、この「はず（sollen）」が、後の引用箇所における、「その目的からみて純然たるア・プリオリな諸綜合的命題」に対応します。

すなわち、二律背反における定立と反定立の判断は、幾何学や物理学における判断のように確固とした認識を与えるア・プリオリな綜合的判断ではないのですが、としても、「魂は実体である」とか「神は現存在する」といった判断のように、まったくの「誤謬判断」、あるいは無意味というわけではない。いわば両者の中間の位置を占める。

それが「その目的からみて」という言い回しが示していることです。これは、後にも出てきて、カントは「しかし、形而上学に関して言えば、この学はこれまでのところうまくゆかなかったので、しかも、これまで論述されてきたどれ一つについても、その本質的な目的に関しては、形而上学は現実に存在しているとはいえない」（一二二頁）とみなしている。そして、これはそのちょっと後の、「だから、形而上学は、たとえ学としてではないにせよ、それでも自然素質としては現実的である」（一二三頁）に続いていきます。

つまり、いままで誰も学としての形而上学を樹立しなかったけれど、「なんらかの形而上学はあらゆる時代にあったのであり、だからあらゆる人間のうちにつねにありつづけるであろう」（一二四頁）というわけです。人間理性そのものが、「たとえ学としてではないにせよ」、形而上学を現に現実に求めるということ、これはまさに「序文」の冒頭の「人間的理性はその認識の或る種類において特異な運命を持っている……」という文章に呼応します。

なお、「或る種類」とは「魂の不滅」と「自由」と「神」であって、これらは伝統的には存在論という一般形而上学に対して、特殊形而上学と呼ばれてきたもの。というわけで、次に扱うテキストの箇所に大幅に介入してしまいましたが、以上のことはこれまでここでの話を聞いてきた人——読んで理解した人?——は、すでに知っていることでしょう。

さて、ここでもともとの問題に戻りますと、形而上学における「ア・プリオリな綜合的判断とは何か?」という問いそのものが、形而上学の「予備学」である「批判」をかたちづくっている。形而上学の命題を——新カント派のように、あるいは論理実証主義のように一刀両断に無意味だと切り捨てるのではなく——いちいち吟味していく場を開くことこそが「批判」だというわけです。

2 純粋理性の普遍的課題

次の「VI」に移ります。

一群の諸研究を唯一の課題という定式のもとでまとめることができるなら、このことによってうるところは必ずやきわめて多大である。なぜなら、このことによって人は、おのれ自身の業務を精密に規定するのであるから、おのれ自身の業務を自分自身にとってすら軽くするのみならず、それを吟味しようとするあらゆる他の人々にとっても、はたして私たちはおのれの企図を満足になしとげたかどうかという判断を容易ならしめるからである。（一一八頁）

漠然と書いてあるので、わかりにくいでしょうが、これからカントがなす膨大な「業務（Geschäft）を「唯一の課題という定式のもとでまとめあげることができる」とすれば便利でしょう、というだけのこと。それは、しばらく後に出てくる「いかにして形而上学は学として可能であるのか?」（一二六頁）という「まとめ」ですが、これが「いかにしてア・プリオリな綜合的判断は可能であるか?」

という問いと重なっていることは、先に示した通りであって、そのことが次に書いてある。

ところで、純粋理性の本来的課題は、いかにしてア・プリオリな綜合的判断は可能であるか？という問いのうちに含まれている。形而上学がこれまで不確実と矛盾というこれほど動揺した状態のうちにとどまっていたのは、人が、この課題を、おそらくはそのうえ分析的判断と綜合的判断との区別をすら、もっと早く思いつくことがなかったということに、その原因をもっぱら帰することができる。（二一八―二一九頁）

ここでは引用箇所の適度の長さを考えて、段落の区切りを無視して引用しましたが、いまえんえんと解説しているのは第二版の「序論」であることを思い出してください。カントは第一版ではほとんど語らなかった「批判」の意味を、この後、いくつかの明確な疑問文をもってくることによって、きわめて明確に語っているというわけです。

なお、こうした文面から読み取れるのは、形而上学を切り捨てたいという態度ではなく、「批判」に基づいて新たな形而上学を打ち立てたいという態度であることは、明らかでしょう――だから新カント派は間違っている！　次の箇所などは、その最たるものです。

ところで、この課題を解決することができるかどうかに、あるいは、この課題が説明を要求している可能性が事実全然ありえないことを満足のゆくように証明しうるかどうかに、形而上学の存亡はかかっているのである。（二一九頁）

「いかにして形而上学は学として可能であるのか？」という「課題を解決することができるかどうかに」、つまり「批判」が成功するかどうかに、「形而上学の存亡はかかっている」のです。とはいえ、このような「形而上学批判」を「形而上学」の否定、あるいは駆逐と読む新カント派が後に出現したのは、カントが「自然の形而上学」と「人倫の形而上学」とをこの高らかな宣言どおりには書き上げていないから、それは未完のプロジェクトに終わったからだとも言えるかもしれない。

そして、形而上学の駆逐を標榜した過激な新カント派の勃興が、ヘーゲルを中心としたドイツ観念論の過激な形而上学に対する批判であったことを考えると、カントのような――穏健な？――「形而上学批判」の立場を維持することは至難の技だということがわかります。

このあと、論述は、ヒュームの因果律批判に対する再批判という具体的でわかりやすいテーマに移っていきます。

> デーヴィド・ヒュームは、すべての哲学者のうちでこの課題に最も近づきはしたものの、しかしこの課題を十分明確にその普遍性においてまだまだ考えたとは言えず、結果とその原因との結合という綜合的命題（因果性の原理）にとどまったままであったにすぎないが、このヒュームは、そうしたア・プリオリな命題は全面的に不可能であることを明らかにしたと信じ、だから彼の推論にしたがえば、私たちが形而上学と名づけているすべてのものは、事実上はたんに経験から借用してきて、習慣によって必然性の外観をうるにいたったものを、理性の洞察と思い誤るたんなる妄想に帰着してしまうであろう。
>
> （一一九―一二〇頁）

事情をあまり知らない人は、因果律を破壊し尽くした――よって、ア・プリオリな綜合的判断を否定し去った――ヒュームに対して、カントはなぜ、「すべての哲学者のうちでこの課題に最も近づきはした」と評価するのか、釈然としないと思います。しかし――このあたりは「方法論」（A760-A769, B78-B797）に詳しいのですが――、第一原因を独断的に認めてしまう伝統的形而上学の威力に対しては、ヒュームくらいの強力な起爆剤が必要なのです。

ヒュームは、経験を超えても因果律を適用して第一原因を導出してしまう、という（独断的）形而上学者たちの論法を完全に否定してくれた。その点から言うと、まさに「批判」の感謝すべき先駆者なのですが、いかんせんヒュームは「やりすぎた」。因果律を「習慣」の産物にすぎないと決めつけるのは、「理性の洞察と思い誤るたんなる妄想に帰着してしまう」であろうから、自分が調整しなければならない、というふうにロジックは続いていきます。

3　いかにして純粋自然科学は可能であるか？

ここでの本来の解説は、ヒューム批判の続きからです。「彼」とはヒューム。

彼が私たちの課題をその普遍性において念頭においていたなら、彼は、すべての純粋哲学を破壊するそのような主張には、けっして思いつかなかったであろう。それというのも、そのときには彼は、純粋数学がア・プリオリな諸綜合的命題を含んでいることは確実であるゆえ、彼の論拠にしたがえば、いかなる純粋数学でさえも存在しえないということを、洞察したはずであり、そうだとすれば、彼の健全な悟性がそのような主張をしないよう彼をおそらく守ったであろうからである。

（一二〇―一二一頁）

ヒュームは因果律を習慣とみなして、そのア・プリオリ性を否定したのですが、それはカントにとっては、「すべての純粋哲学を破壊する」主張なのです。こうした暴挙は、ヒュームが「純粋数学がア・プリオリな諸綜合的命題を含んでいることは確実である」ことに充分着目しなかったためである、とカントは言いたいようです。

このあと少し読みにくいのですが、砕いていえば、「彼の論拠にしたがえば、いかなる純粋数学でさえも存在しえないということ」になってしまうだろうから、彼とてそのことに気がついて、さすがに「彼の健全な悟性がそのような主張をしないよう」に彼に警告を発したであろう、という意味でしょうが、これはカントの完全な見誤りです。ヒュームはあらゆる数学も経験的だとみなしているのですから――カントの反論にはびくともしない堅固さを有している。

この後で、カントはきわめて有名な問いを立てます。

前記の課題の解決のうちには、同時に、対象についてのア・プリオリな理論的認識を含んでいるすべての学を基礎づけ遂行するときの純粋理性使用の可能性が、言いかえれば次の問いの解答が、いっしょに含まれている。すなわち、

いかにして純粋数学は可能であるのか？

いかにして純粋自然科学は可能であるのか？

（一二一頁）

ここでカントは「純粋（rein）」と言っていますが、もちろん応用数学や応用物理学でないことは確かなのですが、とくに「純粋自然科学」は、カントにおいては『自然科学の形而上学的原理』の「第一章　運動学（Phoronomie）の形而上学的原理」に呼応していることにかんがみると、ここには問題がありそうです。

そこでは冒頭に、「運動学においては運動だけが論じられるべきであるから、運動の主体、すなわち物資は、ここでは運動性以外の性質をもつものとは見なされない」（高峯一愚訳、カント全集第一〇巻、理想社、一九六六年、二一一頁）と言われていて、具体的には、空間と運動の関係や運動の合成など、物質を捨象して運動体の幾何学的関係のみを扱う、と宣言されている。

ということは、カントがここで問題にしたいア・プリオリな綜合的判断を含む自然科学とは、こういう幾何学的関係のみを扱う純粋自然科学ではなく、ニュートンの運動法則――を自己流に改良した力学――そのものであり、そのかぎり、「運動学の形而上学的原理」よりはむしろ、「力学の形而上学的原理」に呼応するものと考えていいでしょう。

なぜなら、先に確認したように、カテゴリーの経験への適用を演繹する「超越論的演繹論」の要《かなめ》には、質量保存の法則が前提されているのですが、物質が捨象されている「純粋自然科学（運動学）」においては、このことは問題外だからです。よって、実際のところは、「純粋自然科学はいかにして可能か？」よりも、「ア・プリオリな綜合的判断を含む自然科学はいかにして可能か？」という問いのほうが適切だと考えますが、いかがでしょうか？

さらに、次の箇所には、いろいろな問題が絡まっています。

ところで、これらの学については、それらは現実に与えられているのであるから、いかにしてそれらは可能であるのかと問われるのは、大いにふさわしいことである。なぜなら、それらの学が可能でなければならないということは、それらの学の現実性によって証明されるからである。

（一二一—一二二頁）

ここは比較的有名な箇所ですが、まず注目されることは、——「純粋数学」としてのユークリッド幾何学ならともかく——カントは「純粋自然科学」がすでに「現実に与えられている」と決めつけていることですが、このことは不問に付し、それが物質を捨象した物理学であることについても、疑問を押さえることにしましょう。

そのうえで果たして、「それらの学が可能でなければならないということは、それらの学の現実性によって証明される」と言えるでしょうか？「証明されてはいない」とも言えるのではないでしょうか？さらに、果たして、「それらは現実に与えられているのであるから、いかにして、それらは可能であるのかと問われるのは、大いにふさわしい」ことなのでしょうか？「ふさわしくない」とも言えるのではないでしょうか？

この箇所を「課題」としますが、ここでは趣向を変えて、こうした私の疑問に賛同してもいいですし、逆にカントに味方してもいいですから、「いかにして可能か？」という問いに対して「現実性」をもち出して答えようとするカントの議論に、各自思うところを表明してください。

対話12

問いは、果たして、「それらの学が可能でなければならないということは、それらの学の現実性によって証明される」と言えるか、というものです。正解が決まっているわけではありませんが、私が期待したのは、ある程度の哲学史の知識です。

とくに、フッサールの現象学との違いにまず気づいてもらいたい。フッサールは『純粋理性批判』を研究した後に超越論的現象学を築くのですが、このカントの考えを完全に拒否して、現実に存在している学問（数学、物理学、心理学等々）をすべて括弧に入れて現象学を築こうとしました。

なぜなら、どんな精密科学も、世界が存在することを素朴に信じている態度（自然的態度）に基づいているからであり、現象学はこの態度そのものを根底から変換して、まったく新しい態度（現象学的態度）に基づかねばならないからです。すなわち、フッサールは、世界が現に存在するかどうかの判断を停止して、世界を意識の相関者として、ノエシス＝ノエマという構造から見直し、記述し直そうと目論むのです。

カントとフッサールとの違いは、哲学と科学との関係に関する二つの典型的な態度の違いですが、現代において哲学をするとき、すべての哲学者は科学に対する態度決定を迫られるように思います。

この点から、ざっとカント以降の哲学状況を見てみると、一九世紀の後半に講壇哲学を牛耳った「新カント派」のうち、「マールブルク学派」（コーヘン、ナトルプ等）は、カントをはっきり意識して数学や物理学を前提し、それらの「基礎づけ」を哲学の中心課題にしました――『純粋理性批判』とは精密科学の「基礎づけ」の書なのです。

二〇世紀初めに登場した分析哲学――とくに初期の論理実証主義――は、この考えをさらに推し進め、数学と物理学こそ学一般のモデルであって、むしろ伝統哲学はすべてこれらの言語によって批判されねばならない――さらには翻訳されねばならない――、とする。これは、フレーゲ、ラッセルによって開始され、カルナップからクワインまで続く系統であって、哲学言語のモデルを数学や物理学における言語に求め、真偽を検証可能な科学的真偽に限定し、その限り、命題は有意味だとみなし、この基準にそわない哲学の命題はすべて無意味と断ずる、というラディカルなものです。

ただし、先の「新カント派」には別の流れがあって、哲学は数学や物理学ではなく、むしろ文化科学、精神科学、人文科学、社会科学と呼ばれる「人間の科学」を基礎づけねばならないという「西南ドイツ学派」があります――ヴィンデルバント、リッケルトなどで、ディルタイもこれにきわめて近い。

さらに、こうした学の基礎づけではなく、「生命」をモデルとして哲学を進めるという一群の哲学者たちがいて（vital sm）、ショーペンハウアー、メーヌ・ド・ビラン――場合によってはニーチェ――、ベルクソン、メルロ＝ポンティ、ミシェル・アンリまで大きな流れになっていますし、歴史（学）こそすべての知の基盤だというヘーゲル、マルクスに始まり、ルカーチまで綿々と続く「歴史主義」も、これに劣らず根強い考えです。また、ハイデガーは存在論という立場から科学主義に反旗を翻しています。

以上をまとめて、科学の言語や方法をそのまま哲学のモデルにする者から、科学を基礎づけることこそ哲学の課題とする者まで、総じて「科学主義」と呼びますと、まさに課題に出したカントの文章こそ、その原点（元祖）なのです。そして、これに対して、生命、歴史、存在……など、「より根源的なもの」をもちだして、こうした「（物理学的）科学主義」を否定ないし批判する一群の立場がある、というのがカント以降の西洋哲学が辿ってきた道だと言っていいでしょう。

ですから、課題への回答として期待していたのは、こうした一連の哲学風景を視野に入れて、粗っぽくてもいいから自分の考えを述べることなのですが、難しかったでしょうか？ しかし、カント哲学を学ぼうとする者は、いつか「それらの学〔数学や物理学〕が可能でなければならないということは、それらの現実性によって証明されている」というカントの宣言に対して、はっきり態度決定をしなければならないでしょうね。

4　純粋物理学？　合理的物理学？

ここでの解説は、一二二頁の注（＊）からです。翻訳では、その前に「しかし」から始まる一文がありますが、この注は「しかし」の前につけられたものですので。

＊　純粋自然科学については少なからぬ人々は、それが現実に存在していることを、まだ疑っているかもしれない。しかしながら、本来の（経験的）物理学の初めにあらわれてくるさまざまの

命題を、たとえば、同一量の物質の持続性についての命題、惰性や、作用と反作用の相等性についての命題などを調べてみさえすれば、それらの命題は純粋物理学 physica pura（ないしは合理的物理学 physica naturalis）を形成するものであって、この純粋物理学は、独自の学として、その範囲の狭い広いはあるにせよ、だがその全範囲にわたって、独立して立てられる価値が大いにあるということを、ただちに確信するにいたるであろう。（一二二―一二三頁）

この部分を読むと、「課題」の解説（対話10）では、カントは科学主義の「元祖」だと言いましたが、それは後の哲学者たちの解釈であって、カント自身は幾何学に関してはユークリッドを前提にしていますが、物理学に関しては、現存のニュートン力学をそのまま前提したわけではなく、もっと慎重な立場にいたことがわかります。

しかし、その慎重な立場に踏み込んでみますと、じつはよくわからない。『純粋理性批判』の二年後に刊行された『プロレゴメナ』（一七八三年。篠田英雄訳、岩波文庫、一九七七年）で、カントは経験に基づいている「一般自然科学」と、そうではない「純粋自然科学」とを区別し、後者は「運動、不可入性（物質という経験的概念はこれにもとづいている）、惰性等の概念」（同、九三頁）など、「必ずしもまったく純粋とは言えない要素」（同）を排除して成り立っている、と言っています。

すでに紹介したように、これはニュートン力学自体ではなく、カント独特の運動法則であって、原則論の「経験の類推」に呼応したものが一般自然科学であり、それから物質を排除したもの――そんなことができるのでしょうか？――が「純粋自然科学」であるようです。

そして、こうした思想は、再度確認すればその三年後に刊行された『自然科学の形而上学的原理』

（一七八六年。高峯一愚訳、カント全集第一〇巻、理想社、一九八八年）の第一章「運動学（Phoronomie）の形而上学的原理」にそのままもち込まれている。すなわち、たしかにカントは——運動体の軌跡、力の合成など——物質を捨象した幾何学だけの力学を考えているのですが、果たして、これが「自然科学」すなわち「物理学」「独立な学」として必要なのでしょうか？　言いかえれば、こうした物質を捨象した「純粋自然科学」が物理学における「物理学」なのでしょうか？　はなはだ疑問と言わざるをえません。

しかし、このあたりを突いても、科学史のテーマにはなるかもしれないけれど、哲学のテーマにはなりそうもありません——したがって、これ以上立ち入らないことにします。ただ、ここに見えてくることは、カントが幾何学と物理学とを何としても結びつけたいと意図していることであり、純粋直観としての空間は幾何学的空間であると同時に物理学的空間でもあって、そこで同じア・プリオリな綜合的判断が成立していると考えていることです。

5　「自然素質」としての形而上学

しかし、形而上学に関して言えば、この学はこれまでのところうまくゆかなかったので、しかも、これまで論述されてきたどれ一つについても、その本質的な目的に関しては、形而上学は現実に存在しているとは言いえないゆえ、あらゆる人々が当然その可能性を疑うにちがいない。

（一二二頁）

まず、幾何学や物理学とは異なって、カントは「形而上学は現実に存在しているとは言いえない」

と決めつけている。さて、この章の初めにちょっと触れましたが、アリストテレスからえんえんと形而上学は現実的に存在していたはずですが、なぜでしょうか？　これを「課題」としてもいいのですが、すると次の箇所の解説ができなくなるので、あきらめましょう。

すなわち、このあたりはとっても身勝手であって、カントにとって形而上学とは「自然の形而上学」と「道徳の形而上学」なのですが、それらを確立する方法が「批判」であり、それを『純粋理性批判』で初めてなし遂げたというわけですから、この方法を経ていない、従来のあらゆる形而上学はニセモノだというわけです。引用文中の「その本質的な目的に関しては」という部分は、このことを表しています。

なお、アリストテレス以来、形而上学は「一般形而上学」としての存在論と「特殊形而上学」としての神学、魂論、世界論とがありましたが、前者はカントの形而上学から名目上は消えている。もっとも、『純粋理性批判』そのものが、「一般形而上学（存在論）」に当たるというハイデガーの解釈もありますが（『カントと形而上学の問題』一九二九年。門脇卓爾訳、ハイデッガー全集3、東京大学出版会、二〇二一年）、ちょっと真理のようです。

じつは、これからがカントの最も言いたいことですが、理性主義の結晶とも言える思想が展開されていて、現代日本人のほとんどは素直に同意できないかもしれません。

> ところが、この種の認識も或る意味においてはやはり与えられているものとみなされることができ、だから形而上学は、たとえ学としてではないにせよ、それでも自然素質（素質としての形而上学 metaphysica naturalis）としては現実的である。
>
> （一一三頁）

これは、まさにこの書の冒頭部分に呼応します。

人間的理性はその認識の或る種類において特異な運命をもっている。それは、人間的理性が、拒絶することはできないが、しかし解答することもできないいくつかの問いによって悩まされているという運命であって、拒絶することができないというのは、それらの問いが理性自身の本性によって人間的理性に課せられているからであり、解答することができないというのは、それらの問いが人間的理性のあらゆる能力を越え出ているからである。

（二五頁）

そして、それらの問いとは「神・魂・世界」なのです。すなわち、人間的理性はいまだ批判も学としての形而上学も成立していなくても、「それら〔神・魂・世界〕の問いが理性自身の本性によって人間的理性に課せられている」というわけです。

そして、まさに次の箇所が、このことをさらに具体的に語っています。

なぜなら、人間的理性は、多くのことを知りたいというたんなる虚栄心によって動かされてではなく、おのれ自身の欲求に駆りたてられて、理性のいかなる経験使用によっても、したがってそこから借りてきた諸原理によっても解答されえないような、そのような問いにまで絶えまなく進んでゆき、かくして現実にはあらゆる人間のうちに、理性がおのれを彼らのうちで思弁にまで拡張するやいなや、なんらかの形而上学はあらゆる時代にあったのであり、だからあらゆる人間の

うちにつねにありつづけるであろうからである。そこで、形而上学についても次の問いが立てられる。すなわち、

いかにして形而上学は自然素質として可能であるのか？

（一二三―一二四頁）

まず、「おのれ自身の欲求に駆りたてられて」まではいいですね。「人間的理性自身」がまさに先の問いの解答を得ようという『欲求に駆りたてられて』いるのです。このあとは、批判の構図が出てきて、それは経験を超える領域にまで「絶えまなく進んで」ゆく運命にある、ということが言われている。

そして最後の、「いかにして形而上学は自然素質として可能であるのか？」という問いに繋がるのですが、以上の意味で形而上学は人間的理性のうちに――これまでも、これからも――「現実にある」のだから、「いかにして可能か？」を問うことができる、という先の論法に戻っていきます。

しかし、この論法を使うと、たとえユークリッド幾何学やニュートン力学が現実にはなく、素質としてあるだけだとしても、同じ論法を使って「いかにして可能か？」と問うこともできてしまう。すると、カントの意図に反して、現にあるものと素質としてのみあるものとの境界が消えてしまうのではないかと思いますが、いかがでしょうか？

この問いは次のように言いかえられる、すなわち、純粋理性がおのれに提出し、だから純粋理性が、できるだけそれに解答するよう、おのれ自身の欲求によって駆りたてられる問いが、いかにして普遍的な人間理性の本性から生ずるのか？　と。

（一二四―一二五頁）

この部分はいままでの繰り返しのようにみえますが、「批判」という方法をより意識している書き方になっている。「純粋理性が、できるだけそれに解答する」とか、「普遍的な人間理性の本性から生ずる」という言葉遣いから、そのことがわかります。

6 「学」としての形而上学

そして、次の箇所で――やっと?――「批判」という方法が前面に出てきます。

しかし、こうした自然的な問い、たとえば、はたして世界は或る始まりをもっているのか、それとも永遠から存在しているのかなどという問いに解答しようとするあらゆるこれまでの試みの場合には、いつでも不可避的ないろいろの矛盾があったのであるから、人は、形而上学へのたんなる自然素質で、言いかえれば、たとえそこからはつねになんらかの形而上学が（それがどのようなものであれ）生ずるにせよ、純粋理性能力自身で甘んずることはできず、むしろ形而上学に関しては、その諸対象を知ることができるのかできないのかのいずれかについて確実性に達することが可能でなければならず、言いかえれば、形而上学の諸問題の諸対象に関してか、あるいはそうした諸対象について何ごとかを判断する理性の能力の有無に関してか、いずれかについて決定を下すさいに確実性に達することが可能でなければならず、それゆえ、私たちの純粋理性を安んじて拡張するのか、それともそれに明確で安全な制限を設けるのかの決定にさいして確実性に達することが可能でなければならない。

（一二五―一二六頁）

しかし、まず不思議なのは、人間的理性の本性が駆りたてられる問いとして、ここに挙げられているのは、神でも不死の魂でも世界でもなく、第一アンチノミーのテーマ――世界は有限か、それとも無限か――であること。すなわち、ここに至ってカントは形而上学の成立と『純粋理性批判』の成立、いやその中の「アンチノミー」の解決をほとんど同一視してしまっているのです。

「純粋理性能力自身で甘んずることはできず」とは、経験を超え出ようとする理性の能力に任せることはできず、それを批判しなければならない、ということでしょう――もっとも、それも広義の理性能力なのですが。こうして、形而上学の成立のためには、「私たちの純粋理性を安んじて拡張するのか、それともそれに明確で安全な制限を設けるのかの決定にさいして確実性に達することが可能でなければならない」というわけで、「批判」の根本思想がはっきり宣言されるに至る。

ここでやっと、カントが押し隠していた本命の問いに至ります。

> 前記の普遍的課題から生ずるこの最後の問いは、当然次のようなものになるにちがいない。すなわち、いかにして形而上学は学として可能であるのか？
> （一二六頁）

こうして見ると、①幾何学や力学と異なり、形而上学は現実に存在していない。↓②自然素質としての形而上学は人間理性のうちに現実に存在しているから、いかにしてそれが可能かを問うことができる。↓③よって、いかにして学としての形而上学は可能か、を問うことができる、というふうに論述が進行していることがわかります。

とはいえ、どうもそれほど厳密な論理展開ではなく、とくに②から③への移行がよくわからない。これを「課題」にしましょうか。すなわち、なぜ自然素質としての形而上学が人間理性のうちに現実に存在していることから、「いかにして学としての形而上学は可能か？」という問いが導かれるのかということです。

対話 13

この部分を終点にして、これに至る部分で、なぜ自然素質としての形而上学が人間理性のうちに現実に存在していることから、「いかにして形而上学は学として可能か？」という問いが導かれるのかということ。

すでに挙げたヒントを、ここでもう一度掲げると、形而上学の成立のためには、「私たちの純粋理性を安んじて拡張するのか、それともそれに明確で安全な制限を設けるのかの決定にさいして確実性に達することが可能でなければならない」というわけで、「批判」の根本思想がはっきり宣言されているのですから、方向はおのずから決まってくる。

すなわち、「自然素質としての形而上学」があり、かつ「批判」という方法があれば、「学としての形而上学」は「可能である」ということが、ごく単純に導けますよね。しかし、ここを課題としたのは、ただこのことを言ってもらいたいためではないのです。この箇所に至る前に、カントが何を懸命に論じていたかを思い返してもらいたい。

それは、「いかにして純粋数学は可能であるのか?」であり、「いかにして純粋自然科学は可能であるのか?」（一二一頁）です。そして、これに対するカントの答えは、「現に存在するから可能である」という論法でしたね。これを踏まえて、「しかし、形而上学は素質としては現に存在するが、学としてはまだ現に存在しない」という事実確認がなされる。

読み取ってもらいたいのは、カントはここで純粋数学や純粋自然科学と形而上学とをただ対立させているのではないということです。じつは、カントは、純粋数学や純粋自然科学が「現に存在している」こととの連関で、学としての形而上学の「可能性」を考えているのであり、それが先の「課題」への解説で長々と語ったことです。

以上を踏まえて、カントの思考の深層構造を解読していきますと、次のようになります。

① 「形而上学」はアリストテレス以来あったが、それは「批判」という方法を欠いていたために「学としての形而上学」にはなりえなかった。

② 「批判」という方法は、「純粋理性に明確で安全な制限を設ける」ことである。

③ それは、純粋数学と純粋自然科学とを基礎づけることによって実施するほかはない。

④ そのためには、純粋数学と純粋自然科学とが現になければならない。

⑤ 純粋数学は二〇〇〇年以上も前にユークリッドによって確立したが、純粋自然科学はようやく一〇〇年前にニュートンによって確立した。

よって、いまやこれらの学を基礎づけることによって、理性（経験）に明確な制限を加えるという「学としての形而上学」は可能である。

こうした思考過程において、最も注目すべきポイントは③です。純粋自然科学はニュートンまで出現しなかったので、学としての形而上学は可能でありながら、ただ理念にすぎなかった。

しかし、いまや実際に打ち立てることができる——よってカントがはじめて挑むのです。こう見てくると、「いかにして学としての形而上学は可能か？」という問いは、ただの論理的可能性を問うているのではなく、まさに具体的に打ち立てる手続きまでを正確に含んだ実在的可能性を問うていることがわかる。この意味で可能であるからこそ、カントはそれを疑いなく現実化できるのです。

7　独断的形而上学の害悪

「課題」とした箇所の続きからです。これからしばらくは、いままでの繰り返しで、さして難しくはないでしょう。

> それゆえ、理性の批判は結局は必然的に学へと導いてゆく。これに反して、批判なしでの理性の独断的使用は、同様に見かけだおしの主張をそれには対立させることのできる根拠のない主張へと、したがって懐疑論へと導いてゆく。（一二六—一二七頁）

この「必然的」という言葉を探ると、「批判」のみが「学としての形而上学」を成立させるのだから、論理的にこうなりますね。「批判なしでの理性の独断的使用」は、それ自体として「学」ではない、「見かけだおしの主張」という価値のないものですが、それに留まらず、「懐疑論」を導くという害悪を有している。この点を押さえておくことが重要です。

その上で敷衍すれば、「批判」を欠いて神や永遠の魂の存在を主張する独断論は、経験の限界を設定しないゆえに、こうした神や魂の不存在を主張するのみならず、経験内におけるア・プリオリな認識さえも否定する懐疑論に道を開くことになる。

こうして、カントとしては、神や魂の存在を決めてかかる独断論は敵なのですが、さらに大きな敵は神や魂の非存在を決めてかかる懐疑論であって、独断論はこの大きな敵を「導く」からこそ、無価値であるのみならず害悪でもある、という論法を読み取る必要があります。

つまり、カントの矛先は一見独断論に向かっていますが、じつは懐疑論こそ真の敵なのです。なぜなら、懐疑論は哲学することの土台そのものを切り崩してしまうから。批判主義は一見懐疑論に味方しているようですが、断じてそうではない、ということをしっかり押さえておく必要がありましょう。

8　理性主義の根幹

ここからあとは、もしかしたら、現代日本の多くの読者の反感を買うかもしれない。「理性」に対するカントの熱い（？）思い入れに違和感を覚えるだろうからです。

またこの学は驚くほど大々的に広汎なものではありえない。というのは、この学がかかわるのは、その多様性が無限である理性の諸客観ではなく、たんにおのれ自身にすぎず、全部おのれの胎内から生じ、だから、おのれとは異なる諸物の本性によってではなく、おのれ自身の本性によって、おのれに課せられている諸課題であるからである。それというのも、理性が、経験においておのれにあらわれる対象に関して、まえもっておのれ自身の能力を完璧に知っていたなら、経験のあらゆる限界を越えて試みられるおのれの使用の範囲と限界とを、完璧に確実に規定することは、容易となるにちがいないからである。（一二七―一二八頁）

カントは、形而上学は無際限に拡散してゆかず、「自然の形而上学」と「人倫の形而上学」とに限定される、と言うのですが、その理由は、「この学〔形而上学〕がかかわるのは（中略）たんにおのれ自身にすぎず、全部おのれの胎内から生じ、だから……おのれ自身の本性によって、おのれに課せられている諸課題だから」です。

これが「理性主義」の根幹なのです。人間理性の関心は一定の対象に決まっていて、答えをえられないけれど、問い続ける運命にある根本的問いは、「神はいるのか、われわれは自由であるのか、魂は不死であるのか」の三つだけでしたね。しかし、現代日本では、こんなこと誰も信じていない。理性の関心ははるかに広範であって、しかも時代によって、文化によって、各人によって、さまざまである、というふうにごく自然に信じている。

私はといえば、五〇年以上にわたってカントを研究してきたのは、まさにこうした理性の関心は、ほぼカントの言うとおりに限定されるだろう、と信じているからです。これに対して、人類の行く末、国家の繁栄、地球環境問題、さらには誰もが幸福を感じる社会の実現、あるいは自己実現（表現）を目指す生き方、知的探究を目指す生き方、他人の役に立つ生き方、または自分の趣味にあった生活……などは、真にどうでもいいと思っているからです。

さて、ここには哲学の根本問題が横たわっていて、読者がこうしたカントの挙げる関心――神・自由・魂の不死――に片鱗ほども関心ももたない場合、カントを読み続けるのは難しいかもしれない。この機会に各人、自問してみてください。

さて、その次の「まえもっておのれ自身の能力を完璧に知っていたなら、経験のあらゆる限界を越えて試みられるおのれの使用の範囲と限界とを、完璧に確実に規定することは、容易となるにちがいない」という部分は、ふたたび「批判」の思想を語っているだけですから、わかりやすいでしょう。

しかし、ここでふと気がつかなければならない。カントにとって、「批判」がまた、それに基づいている「学としての形而上学」が可能であるのは、理性にはっきりした限界があり、その限界を理性的存在者であるわれわれが完全に知りうる、という前提があるからなのです。さらに刺激的に――反感を買うかたちで？――言うと、理性的存在者であるわれわれは誰でも、ただ自分の理性を反省してみるだけで、「おのれの使用の規範と限界とを、完璧に確実に規定する」ことができる、というすごい前提があるからです。

9　学としての形而上学を打ち立てる具体的な計画

この後、カントは独断論と懐疑論の跋扈《ばっこ》する瓦礫《がれき》の山のような哲学の現状を眺めて、こう語る。

それゆえ、形而上学を独断的に完成しようと、これまでなされたすべての試みは、おこなわれなかったものとみなされうるし、またそうみなされなければならない。（一二八頁）

アリストテレス以来の形而上学に関する「これまでなされたすべての試みは、おこなわれなかったものとみなされうる」と言うのですから、そうとう強い主張であり、どこからこれほどの自信が湧いてくるのか、正直不思議でもありますが……、この後にその理由が大まかに書いてあります。

なぜなら、あれこれの形而上学において分析的になされているもの、すなわち、私たちの理性にア・プリオリに内在している諸概念のたんなる分析であるものは、本来の形而上学、つまり、その分析的なもののア・プリオリな認識を綜合的に拡張する形而上学に対しては、まだ目的では全然なく、一つの準備にすぎず、だからこの目的には役立たないからである。というのは、そうした分析は、これらの諸概念のうちに含まれているものをたんに示すだけであって、いかにして私たちはそうした諸概念へとア・プリオリに達するのかを示し、ついですべての認識一般の諸対象に関するそれらの諸概念の妥当な使用をも規定しうるのに役立つものではないからである。

（一二八―一二九頁）

一読すると、これまでの繰り返しとも思われるでしょうが、やはり文章の深層をきちんと見通すことが必要です。「分析的」とは概念の枠内で議論していること、「綜合的」とは概念に留まらず、実在へと超え出て議論していること。

最もわかりやすい例を挙げれば、「私＝魂」が不滅（分解不可能）であることを“Subjekt”という概念（文字）の意味や使用法――常に単数であって、常に主語であること等――から導出してしまうこと（誤謬推理）であって、現代日本人には想像もできない詭弁ですから、カントがこれを長々と批判していることそのことが不可解にちがいない。

このことはいいのですが、この後は注意が必要です。こんな荒唐無稽な形而上学をカントは全否定するのではなく、「本来の形而上学」に対しては「まだ目的では全然なく、一つの準備にすぎず」と言っている点です。さて、この文章の理由を示す「というのは」からあとを「課題」にしましょう。意外に内容のある文章なので、やはり文章の表面を辿るだけでなく、その内部構造まで照らすような眼光をもって解読して欲しいものです。

ここから後は、たいしたことは書いていなく、事実的あるいは事務的なことなので、さっさと進むことにします。

これまでの形而上学のあらゆるこうした諸要求を放棄するのには、多くの自制を必要とはしない。それというのも、拒否することはできず、独断的な手続きにおいては不可避的でもあるところの理性の自己矛盾が、あらゆるこれまでの形而上学の名声をすでに長いこと失わせてきたからである。（一二九頁）

「これまでの形而上学」とは独断的形而上学ですが、その「諸要求」とは「神・不滅の魂・自由」の存在というわれわれ人間が欲しいものであって、それを「要求」してくれるわけです。それを「放棄するのには「もったいなくて」多くの自制を必要」とするように見えるが、そうではないということ。「その理由は?」と期待すると、まったくの肩透かしで、独断的形而上学が「拒否することができず」、むしろその使用が「不可避的でもあるところの理性の自己矛盾が、あらゆるこれまでの形而上学の名声をすでに長いこと失わせてきた」からなのです。

結局、いまや独断的形而上学の名声は地に落ちたのですから、安んじて「批判」の道を歩めばいいのですが、とはいえ「忍耐強さ」が必要だ、とカントは言います。

いっそうの忍耐強さを必要とするにいたるのは、枝葉をだすあらゆるその幹は切りとることができるかもしれないが、その根を根こそぎにすることはできないところの、人間的理性に不可欠の学を、これまでのものとはまったく反対の別の取り扱いによって、最後にはいつか首尾よくみのり豊かに生長させるよう促進することが、内なる困難と外なる抵抗とによって邪魔されないことである。

（一二九―一三〇頁）

カントは、「批判」に基づく「学としての形而上学」の樹立に対しては揺るぎのない確信をもっているのですが、具体的なその実行に関してはきわめて慎重な態度を示す。

「批判」は、もはや誰も「その根を根こそぎにすることはできない」けれど、「枝葉をだすあらゆるその幹は切りとることができるかもしれない」。よって、こうした「内なる困難と外なる抵抗とによって邪魔されない」ようにして、「最後にはいつか首尾よくみのり豊かに生長させるよう促進すること」が必要だというわけです。

その後、ずっと、ほとんど――細かい表現の差以外は――第一版と同じですが、この書一三五頁の後ろから五行目以下に、第二版で付け加えた箇所があります。

ましてやここで人は、純粋理性についての書物や体系の批判を期待してはならず、期待してよいのは純粋理性能力自身の批判である。この批判が根底にあるときにのみ、人は、この専門分野における古今の著作の哲学的内容を評価する一つの確実な試金石をもつのである。そうでなければ、その資格のない歴史家や判定者が、他人の根拠のない主張を同じく、根拠のないおのれ自身の主張によって判定することになる。

（一三五―一三六頁）

ここを、第二の「課題」にしましょうか。哲学的に根本的な内容ではありませんが、こういう文章を書くカントの心中がわかりますか？　はじめは解説しようと思っていたのですが、かなりシャープな皮肉が利いていますので、どうしても二番目の「課題」に出したくなりました。

対話14

第一の課題は二三七頁に引用した長い文章のうち、中ほどの「というのは」からあとです。

というのは、そうした分析は、これらの諸概念のうちに含まれているものをたんに示すだけであって、いかにして私たちはそうした諸概念へとア・プリオリに達するのかを示し、ついですべての認識一般の諸対象に関するそれらの諸概念の妥当な使用をも規定しうるのに役立つものではないからである。

（一一九頁）

問いは、カントは、旧来の「私たちの理性にア・プリオリに内在している諸概念のたんなる分析」は形而上学ではないと切り捨てればいいのに、なぜ「まだ目的では全然なく、一つの準備にすぎず」（一二八頁）と言っているのか、ですが、これは「弁証論」の全体をもって答えるほかない。

すなわち「弁証論」は、旧来の特殊形而上学のテーマである魂・世界・神に呼応して「誤謬推理」（絶対的主体＝主語）と「アンチノミー」（世界全体）と「理想」（神の存在証明）というように区分されているのですが、これの主題こそが（特殊）形而上学なのであって、それを「批判して」カントは、「本来の形而上学」（自然の形而上学と人倫の形而上学）への道を開いているのです。

よって、これらの旧来の形而上学、とくに「誤謬推理」と「神の存在証明（批判）」がなければ、本来の形而上学の方法（予備学）としての「批判」を具体的に展開することはできない。まず第一に、こうした消極的（否定的）意味――「批判する」が向かう当のもの――として、旧来の形而上学は本来の形而上学の「準備」になっている。

しかし、それだけではないのです。さらに積極的（肯定的）に「誤謬推理」や「アンチノミー」「神の存在証明（批判）」は本来の形而上学の準備をなしている。「誤謬推理」は“Ich = Subjekt”という概念だけから、実在する“Ich = Subjekt”の実体性・単純性・同一性・観念性を導いてしまうのですが、とはいえ、超越論的観念論に新たに導き入れられた“Ich = Subjekt”である「超越論的統覚」は、「実体性」だけを取り除いて、あとは同じ性格をもつことを看過してはならない。

超越論的統覚は、あくまでも旧来のデカルト以来の「思惟実体（res cogitans）」の変形であって、こうした自我概念が与えられていなければ、カントがゼロから確立することはできなかったでしょう。

これを語っていくときりがないので、もう一つだけ挙げますと、「第三アンチノミー」の「定立」において、カントは「みずから開始する能力」として「超越論的自由」を認めていますが、これは神の世界創造の自由、すなわち「宇宙論的自由」の変形であること――世界過程の途中で因果関係を開始する――は読めばすぐわかります。

こうした事例を考慮に入れると、「そうした分析は、これらの諸概念のうちに含まれているものをたんに示すだけであって、いかにして私たちはそうした諸概念へとア・プリオリに達するのかを示し、ついですべての認識一般の諸対象に関するそれらの諸概念の妥当な使用をも規定しうるのに役立つものではない」という文章の意味もわかってくる。

つまり、「単に示す」だけではなく、「いかにして……」かを、批判的に、すなわち経験の限界を設定するという超越論的観念論の道具を使って、超越論的統覚が単純であって、同一であって、観念的であるか、超越論的自由における自由による因果性が自然因果性と並んで成立するか、それを示さねばならないということです。

次に第二の課題です。

ましてやここで人は、純粋理性についての書物や体系の批判を期待してはならず、期待してよいのは純粋理性能力自身の批判である。この批判が根底にあるときにのみ、人は、この専門分野における古今の著作の哲学的内容を評価する一つの確実な試金石をもつのである。そうでなければ、その資格のない歴史家や判定者が、他人の根拠のない主張を同じく、根拠のないおのれ自身の主張によって判定することになる。

（一三五―一三六頁）

これをあえて、第二の課題にしたのは、いわば「お口直し」として、カントの諧謔精神を堪能してもらいたいからです。ここは、後ろのほうから真意がわかってくる。「その資格のない歴史家や判定者が、他人の根拠のない主張を同じく、根拠のないおのれ自身の主張によって判定することになる」のが、世の中でよく見られる無責任な批判（批評）であって、私の提言する「批判（Kritik）」がこうなってはならないということ。

すなわち、当時「批判」といえば、この言葉をカントのように使う人はいなかったので、「しかし、私が批判ということで意味しているのは、書物や体系の批判のことではなくて……」（二九頁）と断らねばならなかった。よって、カントは、あらためて「純粋理性についての書物（つまり『純粋理性批判』）」を「体系の批判を期待してはならず、期待してよいのは純粋理性能力自身の批判」だと断るのです。

あれこれの哲学体系を批判することは、「根拠のないおのれ自身の主張によって判定することになる」かもしれない。しかし、私が試みようとしているのは「純粋理性能力自身の批判」であるから、これは私も私を批判する人も、誠実にわが身を振り返れば、「同一」であるはずだから、確固とした成果が期待できる、というわけでしょう。

そして、この箇所が第二版で加えられたのは、第一版刊行後のガルフェとフェーダーのまったくの誤解に基づいたひどい書評に対する怒りもあるでしょう。

なお、いま思いついたのですが、課題とした「学としての形而上学が現実に与えられていないのに、いかにして可能なのか?」という問いに対して、ニュートンしか挙げませんでしたが、ベーコンも挙げるべきでした。次の部分など、まさに私が言いたかったことです。「自然科学に関しては、それが学の大道を見いだすまでは、その進行ははるかに緩慢であった。なぜなら、明敏なヴェルラムのベーコンの提案がこの発見を……いっそう活気づけたのは、ほんの約一世紀半まえのことであるからである……」(四四頁)。

終章　「超越論的」の秘密

1　純粋理性の「機関」と「批判」

次の第二版（下段）（一三〇頁）には「Ⅶ　純粋理性の批判と名づけられた或る特殊な学の理念と区分」という標題があります。第一版（上段）と第二版（下段）はほぼ同じですが、第二版で付け加えた、「凡例」（六頁）を参照してください。ここでは、細かい表現の差異は無視して、第一版にそって引用します。

ところで、以上〔すべてのこと〕から、〔純粋理性の批判に役立ちうる〕或る特殊な学の理念が生ずる。〔しかし、なんら異種のものを混じていないあらゆる認識は、純粋と呼ばれる。だが、総じていかなる経験ないしは感覚もそこには混入しておらず、したがって完全にア・プリオリに可能である認識は、とくに、端的に純粋であると名づけられる。ところで、〕理性は、ア・プリオリな認識の諸原理をあたえる能力である。だから純粋理性は、或るものを端的にア・プリオリに認識する諸原理を含んでいるような、そのような理性である。（一三〇―一三一頁）

まず、「ある特殊な学の理念」という訳はふさわしくない。"Idee"はここでは、「理念」ではなく、「構想」と訳してもらいたいものです。なお、高峰一愚訳（世界の大思想第一〇巻、河出書房新社、一九六五年）はこうなっています。

ここでカントは、「純粋（rein）」と「端的に純粋（schlechthin rein）」とを区別していますが、この区別はカントの用語法において一般的ではありません。あえて忖度するに、「なんら異種のものを混じていないあらゆる認識」とは、「経験的ではない」という意味で「純粋」であって、そこには「純粋な水」などの理念や、『判断力批判』における「純粋な趣味判断」のような表現もある。

そのうち、「端的に純粋」とは、「いかなる経験ないしは感覚もそこには混入しておらず、したがって完全にア・プリオリに可能である認識」ですから、幾何学や――カントはこれを認めるのですが――純粋運動学のようなものと考えられます。こういう認識を可能にする能力は「理性」であって、さらにはその対象が「端的に純粋」であるのに呼応して、「端的にア・プリオリに〔「純粋に」のほうが整合的〕認識する諸原理を含んでいる」ような「純粋理性」なのです。

こう言っておいて、カントは急に話題を転換する。

純粋理性の機関は、すべてのア・プリオリな純粋認識が、それらにしたがって獲得され、また現実に成就されうるような、そのような諸原理の総括となるであろう。そうした機関を手落ちなく適用すれば、純粋理性の体系がえられるであろう。（一三一頁）

ここに突如登場する「機関（Organon）」という言葉は、今までも出てきました。例えば、「彼〔ヴォルフ〕には、機関の批判、つまり純粋理性そのものの批判によって……思いつくことができなかった」（六七頁）とか、「純粋思弁的理性は、そこではすべてのものが機関である一つの真の構造を……含んでいるのである」（六七―六八頁）のように。

カントはそうした箇所でも、この言葉自体の説明を加えていませんが――その詳細な意味は、本書の「I　超越論的原理論」の「第二部門　超越論的論理学　1　論理学一般について」で紹介されています――、これはアリストテレス以来、「一般〔形式〕論理学」を意味し、それはあらゆる学問知が従わねばならない「道具」なのです。

しかし、ウィリアム・ベーコンの『新機関（novum Organum）』（ノヴム・オルガヌム。桂寿一訳、岩波文庫、一九七八年）は、アリストテレスから「機関」という言葉だけを借りながら、（経験）科学知を成り立たせている「新たな道具」を羅列したものであって、カントは『純粋理性批判』の劈頭にヴェルラムのベーコンの『大革新』（服部英次郎訳、河出書房新社、一九六三年）からの言葉を選んでいます（この書、二一頁）。

このエピグラムが、「まことにこの革新こそ、限りない誤謬の終わりであり、またその正当な限界であるからである」（同、二一頁）という文章で終わっているように、ここでカントはベーコンの『新機関』を先達とみなし、自分もこの書において、アリストテレスから離れて新たな限界設定を提示する「機関」、すなわち真偽が成立する限界設定を含む論理学である「超越論的論理学」を提唱するという意気込みを示しているのです。

さらに「機関」は、カントにおいてはとくに「規準（Kanon）」との対比で用いられていますが、両者の関係は、「II　超越論的方法論」（『純粋理性批判』下、原佑訳）で詳しく取り上げていますので、そこを参照してください。

また、『カント事典』(弘文堂、一九九七年)の「オルガノン」の項目は、高峯一愚先生の執筆ですが、細部を揺るがせにしない誠実な記述です。「高峯先生」と呼ぶのは、私がまだ三〇歳の若造で日本カント協会に入り、その第二回総会で「カントにおける無限小の問題」を発表したのですが、そのとき協会の会長であった高峯先生が、とても好意的に評してくれました……、それからもう四五年も経ちました。

ちなみに『純粋理性批判』の翻訳は、現代入手可能なものでも一〇種類くらいあると思いますが、「世界の大思想第一〇巻」(河出書房新社)に収められている高峯先生の訳ほど正確なものはないと言っていいでしょう。

閑話休題。文章の解説以前に周辺の事情ばかり語りましたが、この文章を細かく見ると、たしかにカントはアリストテレスの「機関」という言葉を受け継いで、「新たな機関」を打ち出しているのですが、それがすなわち「批判」(超越論的論理学)と言っているわけでもなく、とはいえ、アリストテレスの「機関」に対する「規準」が「批判」というわけでもなく……事態はもう少し込み入っている。

「純粋理性の機関は、すべてのア・プリオリな純粋認識が、それらにしたがって獲得され、また現実に成就されうるような、そのような諸原理の総括となるであろう」(一三二頁)とありますから、このことから『純粋理性批判』そのものがカントにとっての「新機関」であるように思われますが、どうもそうではない。

というのも、これに続いて「そうした機関を手落ちなく適用すれば、純粋理性の体系がえられるであろう」と言いながら、さらにその次では、カント流の「新機関」すなわち「批判」はこの「純粋理性の体系」ではなく、その「予備学」だと言っているからです。

> しかし、こうした要求はきわめて多大であり、だから、はたして総じて私たちの認識の〔そうした〕拡張が可能であるのか、またいかなる場合にそれが可能であるのかは、まだ未定であるのであるから、私たちは、純粋理性とその源泉と限界とを単に判定するにすぎない学を、純粋理性の体系のための予備学とみなすことができる。（一三一―一三二頁）

「批判」とは、「純粋理性とその源泉と限界とを単に判定するにすぎない学を、純粋理性の体系のための予備学とみなす」というわけで、これはここまでの記述と嚙み合います。なお、「まだ未定であるのであるから」という日本語はセンスが悪いですね。せめて「まだ未定なのであるから」、あるいは「まだ未定であるのだから」くらいにしてもらいたいものですね。

> そうした学は、純粋理性の理説と呼ばれてはならず、純粋理性の批判とのみ呼ばれなければならず、だからその効用は実際は消極的にすぎないのであって、私たちの理性の拡張にではなく、その純化にのみ役立ち、私たちの理性を誤謬から遠ざけるにすぎないであろうが、すでにこのことによって得るところはきわめて多大である。（一三二頁）

「理説」とは“Doktrin”の訳であり、「予備学」とは“Propädeutik”の訳です。「理説」とは完成した学の体系のことであり、当時のカントにとっては「形而上学」だけでしょう。そして、『純粋理性批判』

はこうした「理説」ではなく、その「予備学」にすぎない、というわけですから、平仄《ひょうそく》が合います。

なお、よって「その効用は実際は消極的（negativ）にすぎない」というのも、これまでさんざん解説しました。というのも、当時の人は当然のごとく哲学者に「理性の拡張」によって、「神や魂の不死」が確実であるという理論を提示することを期待したからであって、それが原理的に得られないなどという哲学は、ほとんど語義矛盾であったからです。

しかし、『純粋理性批判』は「その〔理性の〕純化にのみ役立ち、私たちの理性を誤謬〔仮象〕から遠ざけるにすぎない」のですが、まさに「すでにこのことによって得るところはきわめて多大である」というわけで、カントの姿勢は一貫しています。

2 「超越論的」という用語

ここでは、いきなり本文から入ります。これまでに続いて、中央の区分線の上（第一版）と下（第二版）の論述は大体同じですので、上に沿って頁数を示し、解説を加えていきます。一三二頁の一一行目からですが、「超越論的（transzendental）」という用語の——本書ではじめての——説明があります。

私が超越論的と名づけるのは、対象にではなく、むしろ〔対象一般についての私たちのア・プリオリな諸概念に〕たずさわるすべての認識である。そうした諸概念の体系は超越論的哲学と呼ばれるにいたるであろう。

（一三二—一三三頁）

これが、「超越論的」の最も基本的な意味だというのが、カント学者のあいだでの一致した見解ですが、それにしても言葉が少なくてよくわからないでしょう。まず、「ア・プリオリ」の含意についてですが、これは「より先なるものから」というアリストテレス起源のタームであって、「ア・ポステリオリ」という「より後なるものから」との対比で用いられる。前者は「本来的に先なるものから」であって、カントの場合は理性（悟性を含む）に起源をもつものという意味であり、後者は「われわれにとって先なるものから」であって、カントの場合は経験に起源をもつもの、という意味です。

さて、超越論的認識とは、「ア・プリオリな認識」のみならず、それに「対象ではなく、対象一般についての認識」が加わったものなのですが、この限定はカテゴリーにほかならない。よって、超越論的認識とは、「ア・プリオリにカテゴリーに従う認識」となり、さらにカントの場合、認識とは経験の「うち」に位置する認識だけですから、「時間・空間という感性の形式に従う認識」でもある。こうして、超越論的認識とは、カテゴリーと時間・空間という形式に従うようなア・プリオリな認識となります。

ただし、これは認識の場面に限定された「超越論的」というタームの規定ですから、そうでない理念にかかわる「弁証論」では、また違った規定が必要になる。「弁証論」もまた「超越論的弁証論」であり、その内部も「超越論的誤謬推理」であり、「超越論的理想」であり、そこに登場する基本タームも「超越論的仮象」であり、「超越論的自由」である。これらを含めると、最も広義の「超越論的」とは、「超越にかかわる」という意味になるでしょう——超越論的認識も、超越論的認識を排除するという意味で超越にかかわることには変わりない。なお、そうは言っても、「超越すること」の意味を保持する「超越的（transzendent）」と、超越に関する「超越論的（transzendental）」とを、単純に区別するのも安直には受け入れがたい――その理由を述べるのは、かなり煩瑣になりますので、ここでは割愛します。

またこれらの訳語は、私が三〇歳を過ぎたころから、わが国のカント学者が採用しだしたものであって、それまでは「先験的」という訳語が一般に流布していました――私はウィーンで書いたドクター論文を、帰国後自分で日本語に翻訳したのですが、はじめ単行本で出したときには（理想社）、「先験的」という訳語を採用し、その後、岩波現代文庫に入れるときに「超越論的」に直しました（岩波現代文庫）――というようなことを語ると切りがないので、ここではこれ以上、立ち入らないことにし、あとは折りに触れて説明します。

3　「超越論的哲学」とは何か？

次に、「そうした諸概念の体系は超越論的哲学と呼ばれるにいたるであろう」（一三二頁）というわけですが、ここで、果たしてこの「批判」自身は「超越論的哲学」であるか否か、ということが問題になる。単純に考えれば、まさに前項で確認したように「批判」は「体系（System）」ではなく、その「予備学（Proäpedeutik）」なのですから、超越論的哲学ではないでしょう。

事実、カント自身がこの少しあとに、「この批判が必ずしもそれ自身超越論的哲学と呼ばれないのは」（一三六頁）と明言しているのですが、「哲学」という曖昧な言葉の意味にかんがみると、カントの言葉に反して、超越論的哲学の一部であってもいいような感じもする。というのも、カントの枠を離れてみると、「超越論的哲学」は、フィヒテ以降、超越論的自我を前面に掲げて対象世界を積極的に構成する哲学、という意味合いを鮮明に帯びてくるからです。こうした傾向は、新カント派のマールブルク学派——とくにヘルマン・コーヘン——により、カント哲学の認識論的側面が強調されることにより、さらにはフッサールの現象学により、超越論的自我による意味付与という側面が強調されることによって、次第に固まっていく。

つまり、現状では、超越論的哲学とは、カント哲学全体ではなく、批判期の全体でもなく、『純粋理性批判』がまず示し、その後、フィヒテ、コーヘン、フッサールのように超越論的自我が積極的に世界を構成（意味付与）するという図柄の哲学として認知されている、と言っていいでしょう。こういう現状を踏まえると、カントの「形而上学」は——「批判」以外、これしかないから——超越論的哲学であるけれど、『純粋理性批判』はそうではないと頑張る人は、——カント自身の言説に反して——わが国のみならず世界的にみても、ゴリゴリのカント学者以外にはほとんどいないでしょう。

しかし超越論的哲学と呼ぶのは、これまた、最初のうちは過大である。なぜなら、そうした学は分析的認識ならびにア・プリオリな綜合的認識を完璧に含んでいなければならないはずであるゆえ、私たちの意図に関する〔かぎりにおいて、〕その範囲が広すぎるからであるが、それは、私たちが分析をおこなってさしつかえないのは、それのみが私たちにとっての問題にほかならないア・プリオリな綜合の諸原理を、その全範囲にわたって洞察するために、分析が不可欠的に〔必要〕であるかぎりにおいてのみであるからである。（一三三頁）

こういうところがカントであって、比較的どうでもいいところ（？）に分岐線を引くのです。カントはここで、広義の超越論的哲学と狭義の超越論的哲学とを区別している。前者は、「分析的認識ならびにア・プリオリな綜合的認識を完璧に含んでいなければならない」哲学であり、後者は「ア・プリオリな綜合の諸原理を、その全範囲にわたって洞察するために、分析が不可欠的に〔必要〕であるかぎりにおいてのみ」含む哲学、つまり具体的には、「ア・プリオリな綜合的認識はいかにして可能か」という問いに答える限りの哲学となります。

ここでちょっと横道に逸れるかもしれませんが、『純粋理性批判』を眺めてみると、「弁証論」は特殊形而上学の分類にそのまま従っていて、神・世界（自由）・魂がテーマとなっている。しかし、一見、一般形而上学に当たる──存在である限りの存在を問う──「存在論」がないようなのです。「分析論」は時間・空間論とカテゴリー論から成っているので、これを存在論とみなすことはできませんが、せいぜい現象における存在を問う現象的存在論とみなすことはできるかもしれない。こういった線で、強引に『純粋理性批判』に存在論を読み込むのが、ハイデガーの解釈です（『カントと形而上学の問題』一九二九年。門脇卓爾訳、ハイデッガー全集、創文社、二〇〇三年）。

この研究を私たちは、それが意図するのは認識自身の拡張ではなく、認識の是正であるにすぎず、またすべてのア・プリオリな認識の価値ないしは無価値の試金石をあたえるべきであるゆえ、もともと理説とは名づけることができず、超越論的批判としか名づけることができないのであるが、私たちがいまたずさわろうとするのは、そうした研究にほかならない。

（『純粋理性批判』上、一三三─一三四頁）

「批判（Kritik）」と対立的に扱われている「理説（Doktrin）」は、前にも出てきましたが、数学や物理学のように学の体系として確立したものです。しかし、「批判」は学（形而上学）が成立するための方法であるにすぎない。

具体的に言い直せば、カントには、ア・プリオリな綜合的判断の性質を究明することによって、狭義の認識に限界を設定し、そのうえで「自然の形而上学」と「人倫の形而上学」とをその批判に基づいて樹立するという展望がある。とはいえ、その形而上学とは、数学や物理学と並んで新たな認識領野を開くのではなく、すなわち「認識自身の拡張ではなく、認識の是正〔ここまでが認識であるとの確認〕であるにすぎ」ないのです。

したがってそうした批判は、可能ならば純粋理性の機関に対する一つの準備であり、この機関が成功しないなら、少なくとも純粋理性の規準に対する一つの準備であって、〔この規準に〕したがって、おそらくいつかは純粋理性の哲学の完璧な体系が、純粋理性の認識の拡張を本質とするにせよ、そのたんなる制限を本質とするにせよ、いずれにしても分析的ならびに綜合的に叙述されうるかもしれない。（一三四頁）

ここで、すでに解説した「機関（Organon）」という言葉がまた出てきて、いままでの論述を踏まえると、大体「理説（Doktrin）」、すなわち形而上学の体系と重なるようですが、厳密にはそうではない。「機関」は、アリストテレスの「一般論理学」のように、領域に限定されない知の「道具」であり、それに基づいた知の体系が「形而上学」なのですが、「批判」はその「準備」というわけですから、これは先の「予備学」に重なると言っていい。

そして、ここに新たに「規準（Kanon）」という言葉が出てきますが、これは、適用領域を限定しない「一般論理学」に対して、適用領域を厳密に経験に限定することも含む論理学、すなわち「超越論的論理学」であって、これこそ新たな「機関」、ベーコンの『新機関』に継ぐ、「新新機関」（？）なのです。

すると、ここでは、「批判は……純粋理性の規準に対する一つの準備であって」と言っているのですが、じつのところ『純粋理性批判』の八割は「超越論的論理学」が占めている。とすると、この「超越論的論理学」は「規準」なのか、それとも「規準に対する一つの準備」なのか？

答えは、両方なのです！　一方で、あくまでも整合的に解釈しようとするなら、次のようになるかもしれない。すなわち「超越論的論理学」（というもの）は「規準」であり、そして、『純粋理性批判』の一章としての「超越論的論理学」は、同じ言葉でありながら、「［この］規準に対する一つの準備」、すなわち「超越論的論理学」自体ではなく、これが成立するための準備、すなわち方法なのだ、と。

しかし、「超越論的論理学」はまさに『純粋理性批判』に書いてあるものなのですから、この解釈はいかにも技巧的かつ作為的であって、こう分ける意味がわからない。ここで、「規準」について最も集中的に論じている「超越論的方法論」の該当箇所を見てみましょう、

私が規準ということで意味するのは、或る種の認識能力一般を正しく使用するためのア・プリオリな諸原則の総括のことである。それで、その分析的部門における一般論理学は、悟性および理性一般にとっての一つの規準であるが、しかしそれは形式からみての基準にすぎない。なぜなら、一般論理学はすべての内容を捨象するからである。したがって、超越論的分析論は純粋悟性の規

準であった。

（『純粋理性批判』下、原佑訳、一一四頁）

このようにはっきりと、「超越論的分析論は純粋悟性の規準であった」と書いているのです。カントの著作には、こういうことは多々ある。そこで、カントの「心の動き」を考えてみて、「一般論理学」との対比で「超越論的論理学」をとらえると、「機関」に対する「規準」と言いたくなる。しかし、「形而上学」に対する「批判」を際立たせると、「準備」と言いたくなる。この二つのピクチャー――が重って、矛盾的な言説になっている。このあたりで停めておくのが、いちばん健全な（？）態度だと思われますが、いかがでしょうか？

さて、そのあとの「おそらくいつかは純粋理性の哲学の完璧な体系が……叙述されうるかもしれない」（上、一三四頁）という結論はいいのですが、途中の「純粋理性の認識の拡張を本質とするにせよ、そのたんなる限定を本質とするにせよ、いずれにしても分析的ならびに綜合的に」という箇所は、カントの「本心」を知っていないと、すんなりとはわからない。

カントの目指していた「純粋理性の完璧な体系」とは、「純粋理性の認識の拡張を本質とする」ものであるとしても、概念だけから拡張するのではなく、「ア・プリオリな綜合的判断に基づいて拡張する」ものでなければならないことについては、いいですね。

具体的には、概念だけから「第一原因」や「不滅の実体としての魂」を導いてはならないのですが――これが「そのたんなる制限を本質とする」という例――、円という概念を純粋直観によって作図することで、概念の「外」に出て（拡張して）もいいし、因果律のカテゴリーを経験に適用して、未来を予測するという形で拡張してもいい、そしてこれが「認識の拡張を本質とする」という例になる。

さらに「分析的ならびに綜合的に」という部分も、「分析的には概念だけの推理の制限を本質とし、綜合的には経験の可能性という条件の下での拡張を本質とする」と読めば、読めないこともない。そして、カントは、興味深いことに、次にこうした方法による学の体系に対するオプティミズムを披露します。

なぜなら、この体系が可能であるということ、いや、そうした体系が、その全体を完成しようと望んだところで、まさか大きな範囲のものとなる気づかいはないということは、次のことからすでに、あらかじめ見きわめられるからである。
（一三四―一三五頁）

そして、「次のこと」は一つの文章ですから切れないのですが、カントの揺るぎない「理性主義」がひしひしと伝わってくる――かもしれない？――ところです。

それは、この場合に対象とされるのは、無尽蔵な諸物の本性ではなくて、そうした諸物の本性に関して判断する悟性であり、しかも、これまたおのれのア・プリオリな認識に関してのみ対象となる悟性であって、そうした悟性の貯えは、私たちがそれをけっして外部に求める必要がないゆえ、私たちに隠されたままであることはできず、だからどのように推測してみても、完璧に取り集められ、その価値ないしは無価値にしたがって判定され、正しい評価のもとにもたらされうるに十分なほど、少ないものであるということにほかならない。
（一三五頁）

この部分は、少し前に解説した次の箇所に正確に対応しています。

またこの学は驚くほど大々的に広汎なものではありえない。というのは、この学がかかわるのは、その多様性が無限である理性の諸客観ではなく、たんにおのれ自身にすぎず、全部おのれの胎内から生じ、だから、おのれとは異なる諸物の本性によってではなく、おのれ自身の本性によって、おのれに課せられている諸課題であるからである。（一二七―一二八頁）

この解説として、かつて私は「これが『理性主義』の根幹なのです。人間理性の関心は一定の対象に決まっていて、答えを得られないけれど、問い続ける運命にある根本的問いは『神はいるのか、われわれは自由であるのか、魂は不死であるのか』の三つだけでした」（前出二三五頁）と書きました。これも踏まえて、あらためて「理性主義」の特徴をまとめてみると、次のようになるように思われます。

1　人間の心的能力としての「理性（悟性）」は時代や地域や文化や個人によって変わることのない普遍的なものである。

2　それは一つの完璧な体系を成し、きわめて少ない根本的関心から成っている。

3　それを、われわれ人間は完全に知りうる。

どうでしょうか？　おそらく現代日本人の大多数は、以上1、2、3の片鱗も信じていないでしょうね。しかし、この理性主義は、二〇世紀に入り、徐々に切り崩しが始まり、その「破壊活動」はいまなお着々と進んでいる。そこで、現代を生きるわれわれ――日本人――がカントを学ぶ意味ですが、私は大いにあると思っています。

理性主義が猛威を振るい、その暴力をまともに受けてきたからこそ、現代ヨーロッパ人は理性主義に対する反省にやっきになっている。しかし、理性主義の片鱗もなかったわが国で理性主義を「反省する」とは！　滑稽を通り越して不気味にさえなります。われわれは理性主義を「反省する」より前に、まずそれが何であるかを知る必要がある。そして、そこにわれわれの想像を絶した輝かしい真理が潜んでいることを見るのも必要でしょう。まあ、哲学はあくまでも「ひとりでこつこつやる」ものであって、ほんとうは「われわれ」などはどうでもいいのですけれど……。

さて、「ア・プリオリ」と「超越論的」との違いですが、前者は「理性に起源があり、経験に先立つ」という意味、後者はそれに「経験一般を可能にする」という意味が加わったものです。しかし、カントの用語はこれだけでわかろうとしてもダメであり、それぞれの用語の使用法を知らなければならない。前者は「ア・プリオリな綜合的判断、ア・プリオリな認識、比較的ア・プリオリ」など、後者は「超越論的観念論、超越論的統覚、超越論的論理学、超越論的仮象、超越論的自由」など。そして、組み合わせによって、それぞれ固有の意味が生まれるのです。

つまり、両者の意味の違いを正確に理解するためには、『純粋理性批判』を全部読んで、そこに出てくる用例をすべて正確に把握する必要がある。しかも、使い方がそれぞれ互いに微妙にずれていて、その正確な理解には何十年もかかるという作業なのであり——私もずっとその作業中です——、『カント事典』だけ調べてもダメなのです。

とはいえ、古典に出てくるキーワードはすべてそうではないでしょうか？　「もののあわれ」という言葉の意味がわかるためには、『源氏物語』を全部読んで、その使用法をすべて知らなければならない。「おかし」がわかるためには『枕草子』をすべて読まねばならない、「ほそみ」や「かるみ」がわかるには、芭蕉の俳句をすべて知らねばならない、等々。

また訳語ですが、「ア・プリオリ」は、明治以来、私の学生時代まで——ですから五〇年前ごろ——、ずっと「先天的」と訳され、「超越論的」は「先験的」と訳されていた——つまり字面はとても似ていた——のです。それがどういう理由で現在のような訳語に変わったのか、という説明をすると、またここでの解説の一、二回分かかるので割愛しますが。

「批判」と「超越論的哲学」との関係も、相等ややこしく書いたので初心者には難しかったでしょう。とくにカントの文章を読解するとき、絶対してはならないことは、「要するに〜」とか「簡単に言うと〜」という副詞句とともに、文章の「含み」を切り捨ててしまう態度です。それぞれの用語にはさまざまな——しばしば互いに矛盾する——意味があって、ときには——今がそうであるように——どうあがいても統一できないこともある。

ここでもその「解読の苦しみ」をそのまま示そうとして、下敷のつもりでテキストを書いたのですが、初心者には酷だったかもしれませんね。つまり、ここでは、「批判」と「超越論的哲学」との関係が問われていますが、もう一つの関係があって、それは「批判」と「形而上学」との関係です。とはいえ、「形而上学」にもさまざまな意味があって、カントはアリストテレス以来の、一般形而上学=存在論、特殊形而上学=宇宙論、魂論、神学、これに対してまだ成立していない、これから書くべき形而上学——たぶん「自然の形而上学」と「人倫の形而上学」——とをまったく違うものと見ている。

そして、カントは「超越論的哲学」に、「認識の是正」という性格を付与しているのですが、では、

「認識の拡大」とは何でしょうか？　「批判」を経ていない「形而上学」は一切認識を与えないのですから、「認識の拡大」ではない。では、「認識の是正」でしょうか？　『純粋理性批判』では、古典的形而上学は「理念」として処理しているのですから「是正」であろうと解することもできますが、どうもそう単純には決めつけられない。その中の宇宙論に「自由」が忍び込んでいるのですが、これが『実践理性批判』を通して『人倫の形而上学』に繋がっていくとすると、どこまでが「是正」であってどこからが「拡大」かも、そんなに明確に区別されるものではない。

しかも、『人倫の形而上学』は、「批判」に基づいた学としての形而上学と解すれば、「拡大」であるはずですが、その内容はわりと貧寒なもので、そのどの部分が「拡大」なのか、と問うと、また暗礁に乗り上げてしまう……。「自然の形而上学」も同じであり、これは「物質」を扱う点で「拡大」であることは確かなのですが、それが認識においてどの点が「拡大」なのかは、カントが書いた『自然科学の形而上学的原理』だけではよくわからない。

というわけで、こういう地味な用語の解読を何十年も情熱をもって（？）続けていくのが、「カント研究」であって、その犠牲者（？）が「カント学者」なのですが、この補足で、初心者はかえって、混乱してしまったかもしれませんね。

4　分析と綜合

では、次に進みます。

Ⅱ　超越論的哲学の区分

超越論的哲学は、〔ここではたんに一つの理念〔構想〕〕であって、そのためには純粋理性の批判はその全計画を、建築術的に、言いかえれば諸原理にもとづいて、この建物を〔形成する〕あらゆる部分の完璧性と安全性を完全に保証しつつ、立案すべきである。この批判が必ずしもそれ自身超越論的哲学と呼ばれないのは、もっぱら、それが一つの完璧な体系となるためには、ア・プリオリな人間的認識全体の手落ちのない分析をも含まなければならないはずであるということに、もとづく。（一三六—一三七頁）

前節で「超越論的哲学」とは何かを考察しましたが、ここではまた少し違ったことを言っています。それは、「超越論的哲学は、〔ここではたんに一つの理念〔構想〕〕であって」ということ。しかし、この場合、ドイツ語は"Idee"ですが、「構想」と訳さねばならない。まだ誰も書いていないけれど、どういうものを書くことができるかということはわかっているというほどの意味。その後の「建築術的（architektonisch）」はカントがよく使う言葉ですが、「超越論的哲学」とはゴシック様式の教会のような壮大な建築物であって、その構想（設計図）はすでに準備されているから、あとはその設計図通りに建てればいい、ということ。

そのあと、「この批判がかならずしもそれ自身超越論的哲学と呼ばれないのは」という、その理由を読んでいくと、またもや解釈が混乱してきますが、普通に読むと「それが一つの完璧な体系となるためには、ア・プリオリな人間的認識全体の手落ちのない分析をも含まなければならないはずである」が、「この批判」ではそれをやり遂げていないとなる。

とすると、どうも「批判」が「超越論的哲学」の「準備」だとしても、「構想＝計画」だけの準備だという気がしてくる。それは「準備」としても、オリンピック前に競技の計画表ができたような、ずいぶんネガティヴな準備ですね。カントは、両者の関係をさらに追究します。

ところでなるほど私たちの批判も、前述の純粋認識を形成するすべての基本概念を完璧に枚挙することを念頭にしておかなければならないのは、言うまでもないことではある。（一三七頁）

この文章を切り離したのは、これに続く文章がきわめて長いからであって、この文章自体の解説は必要ないでしょう。「構想」の段階で「超越論的哲学」のすべての項目と、その「建築術的関係」とを「枚挙する」ということです。

しかしながら、これらの基本概念自身の手落ちのない分析や、同じくまた、それらからの派生概念の完璧な論評は、私たちの批判は当然差しひかえるが、それは、一つには、こうした分析は目的に相応しないからであり、つまり、分析は、本来この全批判がそのために現に存在している綜合にさいして見いだされる、そうした疑惑をもっていないからであり、一つには、そうした分析や導出を完璧になしとげる責任にかかわりあうのは、この計画の統一性にもとることであって、人はおのれの意図に関してはそうしたことをなさずに済ましえたからである。

（一三七—一三八頁）

こうした文章から、カントが「批判」の地位にこだわっていること、いやひどく神経質になっていることは確かであって、そのことは「批判とは何か」に関わる問題ですから、無理もないのですが、もっと整理して言えないものか、ともどかしくなります。

出だしから微妙ですね。ですが、先の箇所と合わせると、「批判」においては「純粋認識を形成するすべての基本概念を完璧に枚挙する」のですが、「手落ちのない分析や、同じくまた、それからの派生概念の完璧な論評は……差しひかえる」のです。なんだか矛盾の瀬戸際にあるみたいですが。

そして、次に二つ理由が書いてある。第二の理由はこれに続くかなり詳細な説明によってわかるのですが、第一の理由がわかりましょうか？　じつはこの箇所を「課題」にして、ぜひともみなさんに聞いてみたいところですが、ここをブランクにすると、その後の解説ができなくなるので「涙を呑んで」解説を続けることにしましょう。

「批判」が、「基本概念自身の手落ちのない分析や、同じくまた、それからの派生概念の完璧な論評」を避ける第一の理由は、まず「〔批判の〕目的に相応しくないからであり」とあって、その具体的理由が次に書いてある。「つまり分析は、本来この全批判がそのために現に存在している綜合にさいして見いだされる、そうした疑惑をもっていないからであり」というわけですが、ここがきわめてわかりにくい。なお、この訳はいかにも硬くぎこちないので、前にも参照した高峯一愚訳（世界の大思想第一〇巻、河出書房新社）を見てみると、「本来この批判はすべての綜合を問題にしているのであって、綜合に際して出会う疑惑は、分析のあずかり知らぬところであるからである」となっている。ここではじめて、さっと一条の光が差し込んでくる感じです。

すなわち、この部分の解釈は、「綜合に際して出会う疑惑」という箇所における「疑惑」に集中されますが、わかりましょうか？　ここには大きな問題がうずくまっていて、それは「綜合」と「分析」

なのですが、必ずしも「綜合的判断」と「分析的判断」ではない。すなわち、哲学には、概念を結合して新しい概念を生み出していく「綜合の道」と、与えられた概念を分析する「分析の道」とがあり、『プロレゴメナ』では次のように書かれています。

（『プロレゴメナ』は分析的方法に従っているが）、しかし『批判』そのものは、あくまで総合的な学的方法に従って作制されねばならなかった。
（篠田英雄訳、岩波文庫、一九七七年、二八頁）

すなわち、「批判」は、「準備」として一定の概念をア・プリオリに「綜合」することによって、「超越論的哲学」に分析すべき（正しい）概念を与え、「超越論的哲学」は「批判」によって与えられた（正しい）概念を「分析」するのです。

具体的にどういうことか？　カントは「批判」を経ていない旧来の形而上学はすべて間違いであるとみなすので、そこでなされている概念の分析はいかなる認識も与えないと考える。例えば、「神は完全である」という神の概念から「完全なものは存在する」、よって「神は存在する」ということは導けない、すなわちこの推論は語の厳密な意味において「分析」ではない。しかし、「超越論的哲学」のなす「分析」は、直観の形式である時間・空間とカテゴリーである思考の形式とによって条件づけられるような（正しい）概念の分析となります。

ですから、もう一度、前掲箇所の高峯一愚訳を書き出してみると、「綜合に際して出会う疑惑は、分析のあずかり知らぬところであるからである」とは、すでに「批判」によって分析すべき（正しい）概念は選別されているので、「超越論的哲学」の分析作業のさいには、その適否を考慮しなくてよいということです。というわけで、なかなか読みにくいのですが、じつはこの「底板」（？）を開けると、さらなる広大な地下室が広がっている。

カントは、むしろ知の体系はニュートンが示したように、厳密な因果性のもとにある現象の統一に基づいたものでなければならないと考えた。すなわち「批判」の仕事とは、そのようなア・プリオリな綜合的判断を示すことによって、「超越論的哲学」の分析――分析的判断を含む、あらゆるア・プリオリな判断――の範囲をあらかじめ確保することなのです。

そして、こういう考え方のうちに、デカルトやフッサールとは異なるカント特有の哲学に対する――哲学と科学との関係に対する――態度がある。デカルトは、幾何学や代数学さえ疑う徹底的懐疑のもとにコギト・エルゴ・スムに到達し、フッサールは自然科学の成果を取り込んで説明する自然的態度を完全に封鎖して――カッコに入れて――現象学を開始した。

しかし、カントはむしろ真逆であって、数学や物理学を学のモデルとして、「学としての形而上学」を打ちたてようとした。このことは飽きるほど「序文」や「序論」で見てきました。これらが学として成立しているのは、そのうちにア・プリオリな綜合判断が成立しているからなのですから、じつは「批判」の綜合のモデルは、ことごとく学としての数学や物理学に求められていることになる。

簡単な例を挙げれば、「神＝神」は概念の同一を表す分析判断ですらなく、単なる記号の同一性にすぎない。しかし 1＋1 は先の諸条件――時間のもとにある――認識ですから、分析判断なのです。長々と説明しましたが、以上が、第一の理由です。

そして、第二の理由ですが、それをもう一度書き出すと、「そうした分析や導出を完璧になしとげる責任にかかわりあうのは、この計画の統一性にもとることであって、人はおのれの意図に関してはそうしたことをなさずに済ましえたからである」となる。これもまさに文字通りの「拙訳」です。そこで、ふたたび高峯訳を見てみますと、「われわれの意図から見て、やはりわれわれの責任ではないといいえる分析や導出の完全性についてまで責任をおうことは、計画の統一性にもとるものだからである」となっている。

おわかりでしょう。「批判」の仕事は、「超越論的哲学」の正しい「分析」のための諸概念のあいだの「綜合」の基礎を与えることだけですから、それにもかかわらず「超越論的哲学」が、概念の「分析や導出の完全性」に関して間違いを犯したとしても、「批判」の責任ではないということ。このことから、「計画の統一性」とは、「批判」の仕事である「綜合」と「超越論的哲学」の仕事である「分析」とをきちんと配分することなのでしょう。

5 分析の完璧性

さらに続く文章は、次のものです。

分析のこうした完璧性、ならびに、あとで与えられるはずのア・プリオリな諸概念からの導出のこうした完璧性は、それにもかかわらず、それらのア・プリオリな諸概念がまずもって綜合の手落ちのない原理として現に存在し、〔それらにとって〕この本質的意図に関して何ひとつとして欠けていなくさえすれば、容易に補うことができるものである。（一三八頁）

いったん「分析の完璧性」は「批判」の仕事ではないから責任をもてないと言ったうえで、カントは、「それにもかかわらず」と言っている。これ、何のことでしょうか？　これを「課題」にしましょう。

この部分を補えば、あとはカントの望む、次のような結論が導ける。

したがって純粋理性の批判には、超越論的哲学を形成するすべてのものが属しており、だからこの批判は超越論的哲学の完璧な理念〔構想〕であるが、しかしまだこの学それ自身ではない。というのは、この批判は、ア・プリオリな綜合的な認識の完璧な判定にとって必要とされるかぎりにおいてのみ、分析をおこなうからである。（一三九頁）

まず、「批判」の射程は、先に言った狭義の「超越論的哲学」と同じであって、「ア・プリオリな綜合的な認識の完璧な判定にとって必要とされるかぎりにおいてのみ、分析をおこなう」ことですが、広義の「分析的認識ならびにア・プリオリな綜合認識を完璧に含んでいなければならない」（一三三頁）。「超越論的哲学」は、こうした「批判」の構想のもとに樹立されることになる。カントはすぐあとで（一四〇頁）、「超越論的哲学」は「たんに思弁的な純粋理性の哲学である」、すなわち「理論理性」にのみ関わると言っていますから、そこから道徳は排除される。としても、それは具体的にどういう哲学なのでしょうか？　やはり、依然としてわかりません。

課題の前後の記述で、「分析のこうした完璧性」に始まるこの箇所は、すでにほとんど説明してあるのですね。すなわち、大枠として、カントは、「綜合」を「批判」に、「分析」を「形而上学」に配分したのであり、しかも、「批判」では「綜合」のうち、ア・プリオリアな綜合的判断の可能性を示すだけでよい、という考えです。

じつのところ、『純粋理性批判』の刊行当初から、カントの挙げたカテゴリーを「改善」する案がたくさん出されましたが、カントはすべてを拒否しました。そしてカントは、「演繹論」に、「ここでは私の問題は、この体系の完璧さにあるのではなく、一つの体系のための諸原理にあるにすぎないのであるから、私はこのような補足は別の仕事のために取っておく」(二二六頁) と書いています。

これは単なる想定なのですが、ア・プリオリな綜合的判断のすべての可能性を、カントが「批判」で示しているとはとうてい思われないのですが、前にも言いましたように、カントは綜合的判断の範例をニュートン力学だけに求めているので――じつは、数学はあまり関係ない――、しかもそれに合わせてアリストテレスのカテゴリーを改変したので、その意味ですべてのア・プリオリな綜合的判断の課題は示したことになる、というわけでしょう。

しかも、これから数学や物理学が発展するだろうことを、カントはもちろん考えたのですが、それらのうちに潜むア・プリオリな綜合的判断（その実質はニュートンの三法則）は未来永劫変わらないと考えた。このことは『プロレゴメナ』がよく示していて、その副題は「およそ学として現れうる限りの形而上学のための序論」となっています。

6 学の区分とア・プリオリな認識

ここでは、『純粋理性批判』上（第一版）の一三九頁の段落からです。まずは、これまでの繰り返し。

そうした学を区分するさいに最も重要な着眼点は、なんらかの何か経験的なものをそれ自身のうちに含んでいるいかなる概念も、全然入りこんできてはならないということ、あるいはア・プリオリな認識は完全に純粋であるということである。（一三九頁）

「学」とは超越論的哲学であり、それが経験的なものをまったく含まず、すなわち純粋な認識に関わるという意味でア・プリオリであることについてはいいでしょう。そして、そのモデルとしてカントが考えていたア・プリオリな学が幾何学であることもいいでしょう。こうして、超越論的哲学の輪郭および根幹は、概念や判断や推論の整合性・無矛盾性を基本とするア・プリオリな認識というより、幾何学のような空間におけるア・プリオな対象構成にあるということは、注意しておくべきことです。

しかし、この直後の次の叙述は、多くの人を驚かすのではないでしょうか？

だから、たとえ道徳性の最高原則および道徳性の根本概念はア・プリオリな認識であるとしても、それでもそれらは超越論的哲学に属すべきものではない。〔というのは、快と不快、欲望や傾向性、選択意志などの、ことごとく経験的起源をもつ諸概念が、そのさい前提されざるとえないはずであるからである。〕

（一三九―一四〇頁）

どうでしょうか。ここまでの叙述で、あれほど限界設定に苦慮した「超越論的哲学」ですが、ここではあっさりと倫理学を除外している。その理由が『実践理性批判』を熟知している人には驚きでしょうが、「道徳性の根本概念はア・プリオリな認識であるとしても」、それは「快と不快、欲望や傾向性、選択意志などの、ことごとく経験的起源をもつ諸概念が、そのさい前提されざるをえない」からなのです。

いかに、「道徳法則」が感情から独立のア・プリオリなものであるとしても、「その経験的起源」は無視できない、という論法であって、このことからますますカントの考える「超越論的哲学」と数学や物理学というア・プリオリな諸学との親近性が追認される。すなわち、「超越論的哲学」とは、やはり特権的に数学と物理学を基礎づける哲学なのであり、実践哲学に対する理論哲学なのであり、さらに限定すれば認識論に限定されるということです。

そして、このことは、実践哲学には、ユークリッドやニュートンが確立した学がいまだ、あるいは原理的に成立していない、ということに呼応しているとも言えましょう。

「批判」が「超越論的哲学」の成立するための準備、あるいはその一部であるという論点も、このことを別の角度から支えている。というのも「批判」とは理性の越権行為に対する「批判」であって、このことは認識に限られるからです。こうして、『実践理性批判』において開発された、実践的実在性、道徳法則、実践的自由などは、はじめから経験を超えたア・プリオリ性をもつとして登場してくるのですが、どう考えても「批判」という方法の上に築かれたものではないと言っていい。とにかく、注目すべきことに、カントは次のような断定に至るわけです。

だから、超越論的哲学はたんに思弁的な純粋理性の哲学である。なぜなら、すべての実践的なものは、それが〔動因〕を含んでいるかぎり、経験的な認識源泉に属する感情にもとづいているからである。

（一四〇頁）

この文章における「実践的なもの」をどう解するべきでしょうか？　まず、これを「道徳的なもの」と解すると、『純粋理性批判』第二版は一七八七年に刊行され、このときカントはすでに翌年刊行の『実践理性批判』の構想を得ていたと考えられますが、カントはそこで、「道徳法則」をア・プリオリとみなし、しかもそれに理論的実在性以上の普遍性をもつ実践的実在性を認めているのですから、このすべては「それが〔動因〕を含んでいるかぎり、経験的な認識源泉に属する感情にもとづいている」という右の記述とは大きく食い違ってきます。

そして、『実践理性批判』には、「動機論」において、道徳法則に対する「尊敬」という感情が登場してきますが、それは理性的な感情であって、快・不快の感情とは別のもの、むしろそれらを完全に抑圧するような感情ですから、右の記述における「感情」ではない。

さらに考えると、『純粋理性批判』の「第三アンチノミー（二律背反）」は、第二版でわずかであれ、書き直さなかったのですから、そのテーゼの側に登場する単なる理念としての超越論的自由と『実践理性批判』における実在性をもつ「道徳法則」との関係が問題になる。

こうして、超越論的哲学から「実践的なもの」を排除すると言うとき、次々に問題が生じてきますが、こうした諸問題の底にはカントの自由概念の複雑な由来があります。それは、クリスティアン・ヴォルフやアレクサンダー・バウムガルテンの「選択自由（arbitrium liberum, Willkür）」概念を受け継ぐ広義なものであって、「アンチノミー」の後ろの方にまとめられています。引用してみましょう。

きわめて注意すべきは、この自由の超越論的理念に、自由の実践的概念がもとづいており……、実践的意味における自由は、選択意志が感性の衝動による強制に依存しないということである。……それが感受的に強制されうるときには、動物的選択意志（arbitrium brutum）と呼ばれる。人間的選択意志はなるほど感性的選択意志（arbitrium sensitivum）ではあるが、動物的ではなくて、自由な選択意志（arbitrium liberum）である。

（『純粋理性批判』中、三四〇頁）

ここには「超越論的自由」「実践的自由」「選択意志」という役者が全部揃っています。その相互の関係はもつれ合っていて容易に解明できないのですが、少なくとも言えることは、カントの自由概念の根っこは「選択意志」だということであり、その一部をなすものが「自由な選択意志」であって、それが「自由の超越論的理念」や「実践的自由」につながっていくのです。

したがって、いま問題にしている「実践的なもの」とは、「感性的選択」に対応する「人間的選択意志」に関するものだとすれば整合的ですが、その場合、ここでなぜ「自由な選択意志」を排除したのかがわからなくなる。

そこで、次の解釈として、やや技巧を加え、実践的自由でさえ「感性の衝動による強制に依存しない」というわけですから、「感性の衝動がそこに生じていても」という語句をつなげれば、やはり「経験的な認識源泉に属する感情に」「対している」とまでは言えるかもしれない――「もとづいている」とは言えないにしても。

そして、こう躊躇しながら書いたのですが、じつはこの方向に正解があることは、この後の第二版による書き直しからわかってきます。

7 第二版での補充箇所

ここで（一四〇頁）、第一版（上）のひと塊が終わったので、次の塊に進めばいいのですが、第二版（下）では、これに対応する部分にわりと長い補充が挿入されていますので――第一版で、その後数行空白があるのは、そのため――、まずその部分を見てみましょう。

〔というのは、そうした最高原則と根本概念とは、快と不快、欲望や傾向性など、ことごとく経験的起源をもつ諸概念を、なるほどみずからおのれの諸準則の根底に置きはしないが、しかし、義務の概念においては、克服されるべき障害として、あるいは、動因とされてはならない刺激として、純粋人倫学の体系の構成のうちへと必然的にいっしょに引き入れざるをえないからである。〕（一三九―一四〇頁下）

これは、右でさんざん読解に苦労した第一版の「というのは……」以下を、カントが第二版で廃棄して完全に書きかえた部分ですが……私のため息が聞こえたかのように(?)、カントは、私の最後の解釈に「擦り寄って」くる。

すなわち、適当に補充しますと、「実践的なもの」は「最高原則と根本概念」としては「快と不快、欲望や傾向性など、ことごとく経験的起源をもつ諸概念を、なるほどみずからおのれの諸準則の根底に置きはしない」。というわけで、まず第一版からの方針転回が告げられます。そして、このあとでさらに具体的に方針転換の内容を語り続ける。

つまり、第一版で「実践的なものは、それが動因を含んでいるかぎり、経験的な認識源泉に属する感情にもとづいている」と言ったのはやはり間違いであり、「経験的な認識源泉に属する感情」は「克服されるべき障害として、あるいは、動因とされてはならない刺激として、純粋人倫学の体系の構成のうちへと必然的にいっしょに引き入れざるをえない」というわけなのです。カント自身、やはり第一版のこの部分はおかしいと思って、第二版で大幅に訂正したわけですね。

さて、この「訂正」を通して、読者諸賢はいかにお考えでしょうか? もしカントが訂正せずに第一版のままだったら、大議論が沸き起こる箇所でしょう。しかし、真相は存外簡単であり、単にカントが書き損ったから、あるいは書き足りなかったからなのです。

カントは時間切れで、後ろにいけばいくほど第二版で訂正していませんから、他にこういう箇所がいくらでもあるのでしょうね。という事実を知ると、カントの文章で変だと感じるところは、「果敢に」解釈してもいいように思いますが……どうも世のカント学者たちはそうしないようです。

8　悟性と感性に共通の未知の根

ところで、人がこの学の区分を体系一般という一般的な観点からこころみようとするなら、私たちがいま論述している区分は、第一には、純粋理性の原理論、第二には、純粋理性の方法論を含まなければならない。これらの主要部分のそれぞれはその小区分をもつであろうが、それにもかかわらず、そうした小区分の根拠はここではまだ論述されえない。（一四〇―一四一頁）

『純粋理性批判』が一体系をなしていることはわかるのですが、それがなぜ「原理論」と「方法論」とに区分されねばならないのかは、「小区分の根拠はここではまだ論述されえない」とあるように、まだよくわからない。しかし、あえてここで好意的に想定してみれば、「批判」は前に見たように、「新新機関」であり「規準」であって、さらに形而上学の「予備学」なのですから、その「方法」がきわめて重要になる。「批判」自身が「方法」なのですが、さらにその中に「批判という方法」をあらためて確認（教示）する場所として「方法論」を設けたのでしょうか？

この次は、きわめて重要なところです。

ただ次のことだけは、序論、あるいは前書きには必要であると思われる。すなわち、おそらく共通の、しかし私たちには未知の根から生じているところの、人間的認識の二つの幹、つまり感性と悟性とがあるが、これらのうちの前者によって私たちには対象が与えられるが、しかし後者によって対象が思考されるということが、それである。（一四一頁）

この箇所は、ハイデガーがここにある「共通の根」を「構想力」と限定した解釈を出して（『カントと形而上学の問題』門脇卓爾訳、ハイデッガー全集三、東京大学出版会、二〇二一年）、有名になりましたが、いまはその解釈は——ハイデガーのカント解釈全般の「偏向」に触れなければならなくなるので——おいておきましょう。

ここで言われていることを文字通りにとると、カントが問題にしているのは、感性と悟性というわれわれの認識能力とは別の——対立しながら認識を補完する——機能をもっているのですが、それは「おそらく共通の、しかし私たちには未知の根から生じている」ということです。

これは、とくに「図式論」でテーマとして論じられていますが、そこでは両者を結ぶ「第三のもの(ein Drittes)」が示されています。これが、ハイデガーの言うように「構想力」かどうかは確定できないし、たとえそうだとしても、これによって「図式論」の問い、すなわち「これは円である」という判断において、主語の「この特定の丸さ」が述語の「円一般」に包摂されることがいかにして可能か、という問いが解決されたわけではない。

じつは、これは私の（稚拙な）卒論のテーマであって（『カントの図式論』）、あれから五〇年以上経つのに、思考はほぼまったく進展していません。私の卒論は「第三のもの」をもってきて、それで解決できるのか、という問いで終わっているのですが、それがハイデガーのように「構想力」という能力によって裏づけられたとしても、解決にはならないことは確かです。なぜなら、今度はなぜ「一つのもの」が「感性」と「悟性」という二つの別なものに分かれたのかという問いが迫ってくるからです。

すなわち、ここは「感性的・理性的存在者」という——矛盾的存在である——人間存在の根幹に関わるところであって、認識の場面のみならず、道徳の場面でも、道徳法則を意識しても（理性の事実）、それにほとんどの場合、反してしまう、真実より幸福を優位においてしまう、という「根本悪」の理論にも直結します。

9 超越論的感性論と超越論的論理学

ところで、感性もア・プリオリな諸表象を含んでいるはずであり、そうしたア・プリオリな諸表象が、私たちにそのもとで対象が与えられる〔諸条件〕をなすかぎり、感性は超越論的哲学に属するであろう。超越論的感性論は原理論の第一部門に属さなければならないであろうが、それは、人間的認識の対象がそのもとでのみ与えられる諸条件は、その同じ対象がそのもとで思考される諸条件に先行するからである。（二四一―一四二頁）

この箇所は二つの点で注目すべきでしょう。まず、「感性もア・プリオリな諸表象を含んでいるはずであり、そうしたア・プリオリな諸表象が、私たちにそのもとで対象が与えられる〔諸条件を〕なすかぎり、感性は超越論的哲学に属する」という点です。具体的には時間・空間という直観形式がア・プリオリであることですが、あらためてこのことが超越論的哲学の生命線であることがわかります。

そして、感性がア・プリオリであることは、さらに具体的には幾何学空間における作図がア・プリオリになされることと重ね合わされているわけですから、ここから、先に問題にした実践哲学のうちの「感情に基づく動因」も「純粋倫理学」も、超越論的に属さないことが導かれます。

そして、第二の注目点は『純粋理性批判』の構成に関わることですが、果たして、カントが言うように、「第一部門、超越論的感性論」「第二部門、超越論的論理学」という区分が適切なものかどうかということ。と言いますのは、第二部門は第一部門の七、八倍の長さのものですが、そこには「演繹論」「原則論」「弁証論」が含まれている。しかし、第一部門と対等の第二部門は「演繹論」だけなのではないか、と思われます。というのは「原則論」から後は、感性が排除された悟性だけの部門ではなく、むしろ感性と悟性とが協働してはたらく部門だからです。これは「超越論的論理学」とは何かに関わる問題ですが、ここでは、問題提起だけをしておきましょう。

あとがき

『てってい的にカント　その一』に続いて「その二」をお届けします。『純粋理性批判』の「序文」と「序論」についての解説の後半ですが、「その一」以上にカントの思考過程の舞台裏に踏み込んだように思います。そのため、やや読みにくくなったかもしれませんが、（それほど整合的とは言えない）カントの生《な》まの思考過程に類書のないほど（？）迫りえたのではないか、と自負しております。

今回も、ぷねうま舎の中川和夫さんにはひとかたならぬお世話になりました。心よりお礼申し上げます。

二〇二四年五月五日

中島義道

中島義道

1946年生まれ. 東京大学法学部卒. 同大学院人文科学研究科修士課程修了. ウィーン大学基礎総合学部修了（哲学博士). 電気通信大学教授を経て, 現在は哲学塾主宰.

著書に,『カントの時間構成の理論』（理想社. のち改題『カントの時間論』講談社学術文庫),『時間を哲学する——過去はどこへ行ったのか』（講談社現代新書),『哲学の教科書』（講談社学術文庫),『モラリストとしてのカント１』（北樹出版. のち改題『カントの人間学』講談社現代新書),『時間論』（ちくま学芸文庫),『「私」の秘密——私はなぜ〈いま・ここ〉にいないのか』（講談社学術文庫),『カントの自我論』（日本評論社. のち岩波現代文庫),『悪について』（岩波新書),『後悔と自責の哲学』（河出文庫),『「死」を哲学する』（岩波書店),『差別感情の哲学』（講談社学術文庫),『悪への自由——カント倫理学の深層文法』（勁草書房. のち改題『カントの「悪」論』講談社学術文庫),『哲学塾授業——難解書物の読み解き方』（講談社. のち改題『哲学塾の風景——哲学書を読み解く』講談社学術文庫),『ニーチェ——ニヒリズムを生きる』（河出ブックス. のち改題『過酷なるニーチェ』河出文庫),『生き生きした過去——大森荘蔵の時間論, その批判的解説』（河出書房新社),『不在の哲学』（ちくま学芸文庫),『時間と死——不在と無のあいだで』（ぷねうま舎),『明るく死ぬための哲学』（文藝春秋),『死の練習——シニアのための哲学入門』（ワニブックスPLUS 新書),『晩年のカント』（講談社現代新書),『てってい的にキルケゴール その一　絶望ってなんだ』『その二　私が私であることの深淵に』『その三　本気で、つまずくということ』（ぷねうま舎）など.

『てってい的にカント　その一　コペルニクス的転回の全貌』は2024年５月（ぷねうま舎刊).

てってい的にカント　その二
「純粋理性」の舞台裏

2024年7月25日　第1刷発行

著　者　中島義道《なかじまよしみち》

発行者　中川和夫

発行所　株式会社ぷねうま舎
〒162-0805　東京都新宿区矢来町122　第二矢来ビル3F
電話 03-5228-5842　　ファックス 03-5228-5843
https://www.pneumasha.com

印刷・製本　真生印刷株式会社

ISBN 978-4-910154-57-2　　Printed in Japan